新版 算数科教育研究

算数科教育学研究会 編

東洋館出版社

はしがき

　本書は教員養成課程の算数科教育に関する授業テキストとして編集されたものである。これまでに発行されたテキストには，『算数教育の研究』1970（昭和45）年，『算数科教育研究』1979（昭和54年），『改訂算数教育研究』1993（平成5年），『小学校算数科教育』2001（平成13年），『新編 算数科教育研究』2006（平成18年），『新編 算数科教育研究 改訂版』2010（平成22年）があり，本書はこれらを踏まえて，改訂したものである。

　算数の指導は，大学で「算数科研究」，「算数科教育法」などを学ばなくても，小学校時代の自分自身の経験を踏まえれば簡単にできると考える人もいるだろう。しかし，算数の指導は，単に知識を伝達し，技能を習得させるだけでは全く不十分である。人間教育を担う算数教育とすることが大切である。教える先生も，学ぶ子供も算数を楽しみ，考える面白さや喜びを味わう算数教育を実現すべきであろう。そのためには，教える側として，教材の数学的な背景を十分理解していることが必要であろう。同時に，子供の興味・関心や認知的特性を的確に捉えることも大切である。本書では，教材の背景となる数学的な知識を確かなものにするために「数学的な立場からの考察」という観点を設定した。そして，授業における指導につながる研究ができるように「指導の立場からの考察」という観点を設定した。これらが車の両輪のように機能するとき，豊かな算数の指導が実現するだろう。

　算数科の内容は，小学校学習指導要領（平成29年告示）では4つの領域，A数と計算，B図形，C測定（1，2，3年生），変化と関係（4，5，6年生），Dデータの活用に整理して示されている。本書は第2章から第6章をそのように配置した。そして，第1章では算数科の目標と算数教育の歴史について述べ，第7章では学習指導計画と評価について考えるようにした。また，第7章は「算数教育の研究課題」とし，算数教育において重要な研究課題や最近話題となっている論点を取り上げた。

各章には,「研究問題を」を設けている。これらの「研究問題」は,本文の内容をより一層深め発展させることを意図したものと,補足充実させることを意図したものなどがある。「研究問題」に取り組むことは,教師としての主体的な学習を育むことになろう。

　また,「参考文献」は基本的な文献であることや入手しやすいことを考慮して選定されている。読者がそれらの文献を手に取り,さらに調べを進めることで視野が広がり考察が深まると期待される。

　よい教育は,よいカリキュラムと適切な豊かな教科書や教材が準備されるだけでは実現できない。よい教育は,すぐれた教師におうところが大きいからである。本書はそのような立場に立って,教員養成課程の学生用に編集されたものであるが,現職の教員にとっても十分に役立ちうるものと確信している。

　最後になったが,本書は全般においてこれまでの前書の6冊を参考にさせていただいた。これらの執筆の方々に心からお礼を申し上げたい。また,本書の執筆者には,多忙な時期に無理な依頼をしたにもかかわらず,誠意をもって対応していただいたことに深く感謝の意を表したい。

2019年3月
算数科教育学研究会

目　次

第 1 章　算数科の目標
- 1.1　算数の教育の歴史 …………………………………… 5
- 1.2　算数科の特質と目標 ………………………………… 15

第 2 章　数と計算
- 2.1　整数の概念と表記 …………………………………… 23
- 2.2　整数の加法・減法 …………………………………… 30
- 2.3　整数の乗法・除法 …………………………………… 38
- 2.4　小数・分数の加法・減法 …………………………… 46
- 2.5　小数・分数の乗法・除法 …………………………… 54
- 2.6　整数・有理数・実数と計算 ………………………… 65
- 2.7　式の表現と意味 ……………………………………… 73
- 2.8　見積りと概数・概算 ………………………………… 80

第 3 章　図形
- 3.1　図形の概念と操作 …………………………………… 87
- 3.2　図形の計量－面積・体積 …………………………… 95
- 3.3　図形の学習水準論 …………………………………… 102

第 4 章　測定
- 4.1　量の概念と測定 ……………………………………… 109

4.2　長さ・重さ・時間と時刻 ………………………………………… 115

第 5 章　変化と関係
　5.1　伴って変わる 2 つの数量の関係 ……………………………… 122
　5.2　2 量の割合 ……………………………………………………… 130

第 6 章　データの活用
　6.1　統計の考え ……………………………………………………… 137
　6.2　データの考察 …………………………………………………… 145

第 7 章　算数科の学習指導計画と評価
　7.1　学習指導計画 …………………………………………………… 152
　7.2　学習指導法 ……………………………………………………… 160
　7.3　算数科指導における評価 ……………………………………… 168

第 8 章　算数教育の研究課題
　8.1　算数教育の達成度調査，国際比較について調べよう ……… 175
　8.2　国際的視点からわが国の授業研究の特徴を調べよう ……… 180
　8.3　問題解決型の授業の意義と構成について調べよう ………… 186
　8.4　子供の発達段階を踏まえた学習指導について調べよう …… 192
　8.5　算数科授業におけるコミュニケーションの役割と機能について調べよう …… 198
　8.6　昔の教科書を調べよう ………………………………………… 203

　索　引 ………………………………………………………………… 210
　執筆者一覧 …………………………………………………………… 217

第 1 章
算数科の目標

1.1
算数の教育の歴史

　算数科の目標について考えるに当たり，まず，日本の算数の教育がどのように始まり，改善され，発達してきたか，という歴史的な観点から考察を始める。算数は，小学校の教科として，どのような役割を担っているのか，どのようなねらいをもって，児童の指導に当たるべきなのか，その歴史から考えてみよう。

11-1　算数教育のはじまり

　学問としての数学のはじまりや数や計算の使用等は，紀元前までさかのぼることができる。また，教育の始まった時期も，前提によって様々に捉えることができる。ここでは，近代学校教育制度のはじまりを考察の出発点として，算数の教育の歴史を振り返る。近代学校教育制度は，公教育として国に管理統制された教育制度を指し，日本においては明治以降の学校教育を指している。1872（明治5）年，明治政府は，学制を制定し，これが日本における学校教育制度のはじまりとされている。学制においては，初等教育機関として小学校が設けられ，その一教科として，現在の算数に当たる算術が定められる。

　算術においては，和算や珠算を主として教えるのではなく，西洋数学が取り入れられる。アラビア数字による数表記や，十進位取り記数法に基づく筆算の指導が始まる。こうした新しい教育のために，アメリカ人のスコット（M. M. Scott）やマレー（D. Murray）が，師範学校にまねかれる。スコットは，黒板や掛図を利用して一人の教師が多くの子供を教える一斉授業を紹介し，アメリカ流のペスタロッチ主義による直観教授法を紹介する。1873（明治6）年，彼らの指導の下でつくられた『小学算術書』が発行される。

こうして始まった学制以降の学校教育は，1879（明治12）年の教育令や1886（明治19）年の小学校令及び，その改正等によって整備されていく。1890（明治23）年の小学校令改正においては，初等教育機関である尋常小学校の教科として，算術が改めて定められる。

　この時期，直観主義は，教師の理解不足や西洋数学に対する反発から，あまり広まっていない。これに代わって中心になったのが，1880（明治13）年の尾関正求による『数学三千題』である。『数学三千題』は，書名通り3000題の問題から構成され，和算以来の問題の解法を主とした問題集形式の算術書である。また，フランス留学を経験した寺尾 寿(ひさし)は，フランス流の理論主義算術を提唱した。寺尾は，1888（明治21）年の『中等教育算術教科書』に「算術は一種の学（サイエンス）なり」として，算術の計算も定理やその証明からなる理論に基づくべきであると記している。理論主義算術は，中等教育において広く受け入れられ，初等教育にも影響を与えたとされている。明治初期の学校教育制度が整備されていく時期には，様々な算術教育思潮が展開されている。

11-2　算数教育の確立

　1900（明治33）年，小学校令が改正され，小学校令施行規則第4条に算術の目的が記される。

　　「算術ハ日常ノ計算ニ習熟セシメ生活上必須ナル知識ヲ与ヘ兼テ思考ヲ精
　　　確ナラシムルヲ以テ要旨トス」

これは，藤沢利喜太郎の思想に影響されたものである。イギリス，ドイツに留学経験をもつ数学者の藤沢は，「算術に理論なし」として，寺尾の理論主義算術に反対する。また，直観主義や『数学三千題』流の算術教育をも否定し，数えることを計算の基礎とする数え主義を提唱する。

　藤沢の師匠は，イギリスに留学経験のある数学者，菊池大麓(だいろく)である。菊池の思想は，すでに中等教育における幾何に大きな影響を与えており，この時期には文部大臣を務めている。菊池文部大臣の下，教科書疑獄事件を契機として1903（明治36）年，教科書国定制度が制定される。算術の最初の国定教科書

は 1905（明治 38）年の『尋常小学算術書』（黒表紙教科書）である。ここでは，藤沢の数え主義が採用され，四則の計算と度量衡が主な指導内容とされている。『尋常小学算術書』は，義務教育の延長やメートル法の施行に伴って，3 度改訂されるが，基本的な構成に変更はなく，約 30 年間使われ続けることになる。1907（明治 40）年には尋常小学校の就学率が 97 ％を超えており，日本の教育制度は，尋常小学校については一応の確立と見ることができる。ここにおける国としての算術の教育水準は『尋常小学算術書』によって定められたのである。

11-3　算数教育の改革

日本において最初の国定教科書が発行された 20 世紀初頭，欧米では数学教育改良運動が起こる。イギリスのペリー（J. Perry）やアメリカのムーア（E. H. Moore），ドイツのクライン（F. Klein）らは，従来の数学教育が子供の発達や生活との関わりを考慮していないことを指摘し，発生的な教授や関数観念の重要性，実験実測に基づいた数学教育を提唱する。こうした主張の影響は，大正期の日本に現れる。数学教育改良運動の主張が紹介され，教育改革を求める声が，師範学校を中心に数学者や教師から出されるようになる。

また，大正デモクラシーや自由主義教育運動の影響を受けて，子供中心の教育が模索される。『尋常小学算術書』に対する批判が起こり，師範学校の附属学校や私立学校において新しい取り組みが行われるようになる。ここでは，子供の生活から算術の内容を取り上げる生活算術が提唱され，作問主義，作業主義，郷土主義などの算術教育への試みがなされている。

こうした取り組みを受け，1935（昭和 10）年には国定教科書が抜本的に改訂され，多色刷りの『尋常小学算術』（緑表紙教科書）が発行される。この教科書における算術教育の目的は，教師用書の凡例に次のように示される。

> 「尋常小学算術は，児童の数理思想を開発し，日常生活を数理的に正しくするやうに指導することに主意を置いて編纂してある。」

小学校令施行規則にある算術の目的には変更のないまま，数理思想の開発が

新しい算術の目的として示されたことになる。数理思想とは,『尋常小学算術』の編集責任者であった塩野直道によって次のように説明されている。

「数理思想とは,数理を愛し,数理を追及・把握して喜びを感ずる心を基調とし,事象の中に数理を見出し,事象を数理的に考察し,数理的行動をしようとする精神的態度である。」

ここに「日常の事象について見通しをもち筋道を立てて考え,表現する」「数理的な処理のよさに気付く」といった現在の算数の目標に通じる考え方を見ることができる。また,従来の『尋常小学算術書』の内容が計算中心であったのに対して,新しい『尋常小学算術』には図形教材や代数的手法,関数的な見方なども加わり,内容についても現在の算数に近いものになっている。教材の取り扱いにおいても,挿絵や身近な題材を取り入れたり,計算の意味指導が行われるようになったり,子供の発達や興味・関心への配慮が見られる。

11-4　戦時下の算数教育

太平洋戦争の時期になると,学校教育に対して軍部の影響が強く及ぶようになってくる。戦時体制に即応するために,1941（昭和16）年,国民学校令が制定される。尋常小学校は国民学校と改められ,教科の再編が行われる。算術は理科と合わせて理数科に統合され,理数科の中で理数科算数と理数科理科に分かれることになる。ここでの算術から算数への名称変更が,現在の算数という教科名の基になっている。ここでの目標は,国民学校令施行規則に次のように示されている。

「理数科ハ通常ノ事物現象ヲ正確ニ考察シ処理スルノ能ヲ得シメ,之ヲ生活上ノ実践ニ導キ,合理創造ノ精神ヲ涵養シ,国運ノ発展ニ貢献スルノ素地ニ培フヲ以テ要旨トス」

「理数科算数ハ数・量・形ニ関シ,国民生活ニ須要ナル普通ノ知識・技能ヲ得シメ数理的処理ニ習熟セシメ,数理思想ヲ涵養スルモノトス」

こうした制度の変更に伴い国定教科書の改訂も行われる。『カズノホン』（第1学年から第2学年）と『初等科算数』（第3学年から第6学年）（ともに水色

表紙教科書）が発行される。ここでは数理思想を引き継ぎながらも，挿絵や題材において軍事色の濃いものへの変化が見られる。また，『初等科算数』の第6学年の教師用書は戦争のため未完のままであり，戦争が進むにつれ，学校教育全体が成り立たなくなっていく様子がうかがえる。

11-5　戦後教育改革期の算数教育

　1945（昭和20）年，日本は終戦を迎え，連合国軍の統治の下，民主主義国家への改革を進める。教育においても，抜本的な制度改革が行われる。1947（昭和22）年には教育基本法と学校教育法が制定され，4月から6-3-3制の新教育制度が始まり，義務教育は9年間に延長される。算数は，学校教育法施行規則において小学校の教科として定められる。この基準は学習指導要領によるとされ，学習指導要領は（試案）として一般編と各教科編に分かれて発行される。

　算数の最初の学習指導要領は，中学校の数学と合わせて発行された1947（昭和22）年の『学習指導要領算数科数学科編（試案）』である。ここでは算数科，数学科の目的として，次のことが記される。

　　「日常の色々な現象に即して，数・量・形の観念を明らかにし，現象を考察処理する能力と，科学的な生活態度を養う」

　そして新たに戦後の国定教科書として『算数』が発行される。しかし，この教科書は『学習指導要領算数科数学科編（試案）』に示された内容とは一致しないなど，終戦直後の混乱が見られる。また，翌1948（昭和23）年には「現在の学習指導要領に示された指導内容は，程度が高く，新しい教育の方針に則った指導をするには，困難である」として，指導内容を約1学年分落とした『算数数学科指導内容一覧表』が発行され，教育現場は大きく混乱している。また，子供の生活上の問題解決を通して教科の指導をする単元学習が導入される。そして，このための新しいモデル教科書として『小学生のさんすう』が，第4学年用のみ1949（昭和24）年に発行される。この教科書は，教科書国定制度から検定制度への移行期に発行されたため，文部省著作教科書となってい

る。これ以降，文部省が教科書を編集することはなくなり，民間の教科書会社が作成した検定教科書が使われることとなる。

　こうした変革を受けて，1951（昭和26）年，改訂された『小学校学習指導要領算数科編（試案）』が発行される。ここには，算数の一般目標，指導内容，学習指導法，評価について詳細な解説が載せられ，300ページを超えるものとなっている。算数の一般目標は次の4つにまとめられている。

「(1) 生活に起る問題を，必要に応じて，自由自在に解決できる能力を伸ばすことがたいせつである。

(2) 数量的処理をとおして，いつも生活をよりよいものにしていこうとする態度を身につけることがたいせつである。

(3) 数学的な内容についての理解を成立させないと，数量を日常生活にうまく使っていくことができない。

(4) 数量的な内容についてのよさを明らかにすることがたいせつである。」

この時期の算数の目標には，社会的な目標と数学的な目標の2つの側面があることが特徴とされている。

　しかし，算数の指導時数の削減や指導内容の引き下げ，さらには教師教育や準備不足のため，単元学習の趣旨や適切な指導は必ずしも普及せず批判を受けることになる。占領軍の押し付けや，算数や数学をないがしろにしているという批判，そして，子供の学力低下をまねいているという批判が強くされている。1951（昭和26）年はサンフランシスコ講和条約が締結された年で，翌1952（昭和27）年に日本は独立を回復する。こうした社会情勢もあり，算数は単元学習から教科の系統を重視した系統学習へと移っていくことになる。

　1958（昭和33）年，小学校学習指導要領が改訂される。この改訂で（試案）が取られ，国の教育基準として学習指導要領は告示されるようになる。指導法などの詳細な説明はなくなり，目標と指導内容，指導計画作成及び学習指導の方針を簡潔に示したものとなる。指導内容は戦前の水準にほぼ戻り，指導時数も増加されている。この系統主義の学習指導要領において，数学的な考え方という用語が示され，算数としての創造的な活動を自主的に進めていくことが，

以後の算数の重点目標として位置づけられるようになる。

11-6　現代化運動における算数教育

　第二次世界大戦後の世界は，アメリカなどの西側資本主義国家と，ソビエト連邦などの東側社会主義国家との東西冷戦時代に入る。こうした状況で，1957（昭和32）年ソビエトが人工衛星の打ち上げに成功する。これはスプートニックショックと呼ばれ，西側諸国の科学技術開発の遅れとして捉えられる。これを契機に，西側諸国では，数学と理科の教育改革を進め，学術研究や社会の発展を学校教育にも反映させていくという教育の現代化運動が起こる。数学においては，SMSG（School Mathematics Study Group）などの研究組織がつくられ，現代化の精神に基づいた教材や教科書の開発を行っている。そして，小学校においても，現代数学の進歩を反映し，集合や構造，位相などを取り入れることが試みられている。このための学習理論としては，ブルーナー（J. S. Bruner）の『教育の過程』が関心を集めている。

　現代化運動は，日本の算数にも大きな影響を与え，1968（昭和43）年の学習指導要領の改訂では，大幅な指導内容の増加が見られる。この現代化の学習指導要領では，集合，関数，確率などの考えも算数に含まれることになり，統合的，発展的に考えることが重視されるようになる。しかし，こうした高度な数学的概念の指導は，形式的な指導に陥る場合が多く，かつ，従来の指導内容にかける授業時間も限られてきたため，結果的に多くの「落ちこぼれ」を生むことになる。マスコミによる「新幹線授業」という批判もあり，やがて見直しが求められることになる。こうした状況は，先に現代化を進めた国々においても似たような状況であり，同様に見直しが進められている。

　1977（昭和52）年の学習指導要領の改訂は，現代化への見直しを受けて行われる。この基礎・基本の学習指導要領では，算数の増大した指導内容を基礎的・基本的な内容に精選することが求められる。また，ゆとりある教育を目指して指導時数の削減も行われている。

11-7　ゆとりから生きる力へ

　平成期に入って学習指導要領は4度改訂されている。1989（平成元）年においては，従来の指導内容面に関する改訂と若干異なり，指導のねらいや方法面に重点が置かれていることが特徴である。この改訂の根本には，従前の「自ら考え主体的に行動する力を育てる教育への質的な転換」を基本的な観点としながら「社会の変化に自ら対応できる心豊かな人間の育成」を図ることがある。また，「思考力，判断力，表現力等の能力の育成を学校教育の基本に据えなければならない」とされたことも大きく関わっている。新しい学力観に基づく評価の改善が求められるのも，この改訂を受けてである。

　次の改訂は，1998（平成10）年の改訂である。この改訂は，「〈ゆとり〉の中で，自ら学び自ら考える力などの〈生きる力〉の育成」をねらいとして，算数的活動を通して，算数を学ぶことの楽しさと充実感が味わえるようにすることが重視されている。学校週5日制の実施を前提としており，授業時数の大幅削減とこれに伴う指導内容の厳選が行われる。また，絶対評価による観点別学習状況を評価の基本とすることが徹底される。

　この改訂に対しては，いわゆるゆとり教育への批判として，子供の学力低下が指摘され，国内の教育課程実施状況調査や，国際的な学力調査においても，これを裏づける結果が出ている。これを受けて，文部科学省（2001（平成13）年の中央省庁等改革において再編）は「確かな学力」を学校教育の基本として掲げ，合わせて従来の生きる力という理念の共有を教育現場に求めている。また，学習指導要領は義務教育における最低基準であることが確認され，検定教科書においても学習指導要領に記載のない事柄も，発展的な内容として取り扱うことが認められるようになる。

　生きる力という理念は，2008（平成20）年の学習指導要領の改訂にも引き継がれる。この改訂は，2006（平成18）年の教育基本法の改正を受けて，ここに示された新しい義務教育の理念を踏まえたものとされている。生きる力は「変化の激しい社会を担う子供たちに必要な力は，基礎・基本を確実に身に付

け，いかに社会が変化しようと，自ら課題を見つけ，自ら学び，自ら考え，主体的に判断し，行動し，よりよく問題を解決する資質や能力，自らを律しつつ，他人とともに協調し，他人を思いやる心や感動する心などの豊かな人間性，たくましく生きるための健康や体力など」と説明されている。算数の指導時数は1989（平成元）年の基準に戻され，指導内容もほぼ同様の基準に戻される。また，この改訂に先立ち，2007（平成19）年から全国学力・学習状況調査が開始され，学校教育におけるPDCA（計画—実施—評価—改善）サイクルの確立が主張されている。

　新しい学習指導要領は，2017（平成29）年に改訂されたものである。この改訂では，学校教育で育成すべき資質・能力に焦点が当てられ，「知識及び技能」「思考力・判断力・表現力等」「学びに向かう力・人間性等」という3つの柱から指導の目標，内容が整理されている。そして，各教科等を学ぶ本質的な意義の中核をなすものとして「見方・考え方」が掲げられ，教科等の教育と社会をつなぐものとして位置づけられている。この「見方・考え方」は「どのような視点で物事を捉え，どのように思考していくのか」という物事を捉える視点や考え方を指し，各教科等の学習の中で活用されるだけではなく，大人になって生活していくに当たっても重要な働きをするものとされている。算数・数学においては，従来の数学的な考え方を改め，以下のように再整理されている。

　「数学的な見方・考え方　事象を数量や図形及びそれらの関係などに着目して捉え，論理的，統合的・発展的に考えること」

　このような「数学的な見方・考え方」は，資質・能力の「三つの柱」である「知識及び技能」「思考力・判断力・表現力等」「学びに向かう力・人間性等」のすべてに働くものであり，かつすべてを通して育成されるものである。

[研究問題11-1]
　『尋常小学算術書』と『尋常小学算術』『カズノホン』または『初等科算数』に共通する指導内容を選び，それぞれの教科書での取り上げ方の違い

を考察しなさい。

[研究問題 11-2]
　数学教育改良運動における主な人物を選び，その人物の主張についてまとめなさい。

[研究問題 11-3]
　戦後の学習指導要領の改訂の根本にある教育課程審議会や中央教育審議会の答申を調べ，それぞれの改訂の経緯をまとめなさい。

1.2 算数科の特質と目標

12-1 数学の特質

　算数科の学習を通して，児童にどのような資質・能力を育成できるのだろうか。また，特に算数科だからこそ育成できる資質・能力というのはあるのだろうか。このような問いを考察し，教科としての算数科の目標や教科内容をよく理解するためには，それらが学問としての数学の特質を踏まえて設定されたり，選択されたりしているという面に着目することが大切である。本節では，まず，この数学の特質について考察し，教科の目標について検討しよう。

(1) **数学的知識の体系化と数学の発展**
　「数学とは必然的結論を導く科学である」というアメリカのプラグマティズムの哲学者C.S.パースの有名な言葉がある。これは，前提とする知識から論理的な推論によって結論を導くことを中核とする数学の特質を表現したものである。そのような数学の特質を体現するものの代表格は，紀元前3世紀頃につくられたといわれる『ユークリッド原論』である。
　古代ギリシア時代の人々は，その時代までに知られていた数学的知識を学び，それらを論理的な体系にまとめる努力を続けたとされている。特に，基本となる少数の前提を，定義や公理，公準などとして整理し，その知識を論拠として数学的な知識全体を演繹的に導いて体系化しようとした。
　こうしてまとめあげられた『ユークリッド原論』には，平面幾何学，空間幾何学，比例論，無理数論，整数論などの内容が含まれており，それらが公理的体系として整理されている。この書物は，学問体系の典型とされ，よく知られているニュートンの『プリンシピア』も，当時の物理学を公理的な体系にまとめたものである。
　時代が進み，近世の14世紀頃には，インド・アラビア式数字と呼ばれる数の表現がヨーロッパに広がったとされる。「算用数字」とも呼ばれるこの数の

表現は，十進位取り記数法に基づくもので，計算をする際に便利なため，今日でも用いられている。また，当時のアラビア人がもたらした方程式の解法が様々に発展し，16世紀までには3次方程式や4次方程式の解法が見いだされている。

17世紀には，ヴィエタやデカルトによって代数の記号化がもたらされた。記号によって数学の知識を記述できるようになったことで，記述が簡略されたのみならず，記号の形式的操作によって，機械的処理による思考の経済化が図られたことが注目される。こうして，数学は記号に基づく形式性や，知識の抽象性という特質をもつようになった。

この記号による数学的知識の記述は，幾何学と代数学の融合をもたらし，デカルトによる解析幾何の導入により，図形や曲線の性質を代数的な方法で考察する道が開かれた。さらに，ライプニッツやニュートンによる微分・積分の考案は，力学や運動学を構築するための数学的な道具を提供した。極限の概念を基盤とし，変化を記述するこの新しい数学は，物理科学との密接な連携によって，さらに発展し，18世紀の数学の主流となっていく。

このように18世紀の数学は，目覚ましい発展を遂げたが，19世紀になると，その理論的根拠の検討が行われ，実数の連続性や連続関数の性質等について，厳密な理論構成が行われていった。この時代には，ユークリッド原論にある第5公準（平行線の公理とも呼ばれる）を否定した命題を公理とする非ユークリッド幾何学の出現が，数学的真理の相対化をもたらすことになる。

(2)事象の数学化と数学的モデル化

命題の体系化を中心として論理的に考察が進められる数学においては，実世界の体験から抽象化され，体験からは最も遠いようにもみえるが，実際はそうではない。

道路にあるマンホールのふたは円形である。このふたが円形ではなく，ドアや窓の形のように長方形だったらどうか。マンホールのふたが長方形であれば，動かしたときに下に落ちてしまう。長方形は2辺の長さが違うし，対角線は縦と横の辺よりも長いからである。このような眼でみれば，マンホールのふ

たは，いわば円の性質（直径の長さがどこでも等しいこと）に支えられていることが読み取れる。シャツのボタンや車のタイヤなど，身の回りには円形のものが多いこと，そしてそれぞれに円の性質が活かされていることにも気づく。

　このような観察や考察は，日常的な体験を基盤としながら，事象を数学的に捉え直すことによって進むものである。もともと数学には，数・量・図形やそれらの関係についての抽象的な体系の研究を行うといった面の他に，現実世界の問題を数学の舞台に載せて解決するという一面もある。実際，幾何学は，ナイル川の氾濫によって変形する肥沃な土地を測り，収穫される穀物の量を推測するために古代エジプト人が行った測量術に起源があるといわれている。数学は，身の回りの事象を観察・解釈し，またそれを通して問題を解決する方法でもあり，身の回りの事象の仕組みを読み解くことで役に立つという側面をもっている。

　数学的思考の特徴の一つに，考察対象の本質的な部分を失わないように，その特徴を理想化，単純化して，身の回りの問題を数学の舞台に載せて考えるということがある。日常生活や社会の事象を数学の舞台に載せて考察するためには，事象を理想化したり単純化したりして，数学的モデルを設定する必要がある。また，そのモデルを用いて得られた結果を，もとの事象に戻して検討し，必要な場合には，そのモデル自体を見直して，再度問題解決に向かう場合がある。このような活動は，数学的モデル化と呼ばれる。

(3)数学の言語性

　ガリレオは，「宇宙という書物は幾何学の言葉で書かれている」という思想に基づいて研究を進めていたという。この言葉にもみられるように，数学は，自然言語と同様に，思考およびコミュニケーションの手段として使われる言語としての性格をもっており，数学を，事象を記述するための言語とみなす立場から捉えることも大切である。

　実際，数学は自然言語と比較して，「抽象性」や「論理性」の強い記述言語としての特徴をもっている。この立場からみれば，例えば数式は一つの命題なので「文」であるということになる。また，計算も文（正しい命題）の連なり

からなる「文章」ということになる。さらに,「証明」とは,それを読む者に前提から結論に至る道筋を解き明かすものである,ということになる。そこでは,一般的な数や図形が文字や種々の記号を用いて表され,曖昧さを排除すべく言葉の定義が明確に述べられる。また,演繹的推論による特別な「文法」に依拠し,一定の前提から結論を得るプロセスが厳密な形で書かれるのである。

算数科の学習も,このような言語としての数学の特質を切り離して考えることはできないものであり,学習指導においては,数学における単語や句,文やそれらを用いる文法にあたるものを考えておく必要が生じる。

[研究問題 12-1]
数学と他の科学との学問としての特質の違いを比較してみよう。また,統計学やデータサイエンスの分野が用いる方法について調べよう。
〈研究の指針〉
数学においては,ある命題に対し,反例を一つ挙げることによって,その命題が偽であるとされる。例えば,生物学の遺伝の法則の考察においては,反例があってもその法則自体は偽であるとはされない。統計学やデータサイエンスは,ある問題についてのデータを収集・分析して,結論を導く。

[研究問題 12-2]
数学を一つの言語と捉える立場から,算数科における「式」はどのような特徴をもつか調べよう。
〈研究の指針〉
日常言語における「文」や「文法」は,算数科で用いる式の場合にはどのようなものであるか。

12-2 数学の陶冶的価値

　算数科の学習指導では，算数科の内容そのものを教えるという面と，算数科の内容を通して教えるという面がある。前者では，算数科の教科内容そのものの価値が問われることになり，後者ではそれに加えて算数科の学習を通してこそ期待できる資質・能力の育成が問われる。この場合，数学がもつ特質によって，どのような教育的意義がもたらされるかを考えることになる。

　学問としての数学の本性に根ざす算数科の意義は，陶冶的価値，実用的価値，文化的価値といった観点から考察される。買い物等の日常生活で必須の技能を身に付けるといった立場からみれば，数学の実用的価値を考えていることになる。また，先人が発見し，体系化してきた数学的知識を深く知り，それを楽しみ，次の世代へと継承していくという面もある。実際，神社や仏閣に奉納された算額（数学の問題を掲載した絵馬や額）や書店にある数学的なパズルを楽しむ人々が数多くみられることは，文化的価値によるものであろう。

　それに対し，数学を通して身に付けることができる資質・能力とその意義を考えるのは陶冶的価値の検討である。数学の学習を通して，数学的な見方・考え方を鍛え，数学的に考える資質・能力を育成することを目指す教科目標には，論理的に考える力を育成すること，真理を尊ぶ態度を涵養すること等が含まれている。

[研究問題 12-3]
　数学の問題を解く中で発揮される数学的な見方・考え方を，実際の問題を解く中で確かめてみよう。また，そのような見方・考え方を，児童に身につけさせるためにどのような配慮が必要か考えてみよう。
〈研究の指針〉
　問題解決の方法について，G.Polya の『いかにして問題を解くか』を参考にしよう。

12-3　算数科の目標

(1) 算数科の目標の系譜

　学習指導要領の改訂は，その時代の子供たちが活躍する将来の社会状況を予測しつつ，教育の成果と課題を見極めて行われる。実際，これまでに，算数科の目標自体が様々に変遷してきている。

　明治33 (1900) 年の小学校令施行規則には，「算術ハ日常ノ計算ニ習熟セシメ生業上有益ナル知識ヲ与ヘ兼ネテ思考ヲ精確ナラシムルヲ以テ要旨トス」と当時の算術教育のねらいが示されている。前半部分は，日常生活に必要な知識・技能の習得に関する「実質的陶冶」といわれるねらいを述べており，後半は思考力の育成に関する「形式的陶冶」といわれるねらいを述べている。算数科の目標は，基本的にはこの両面を含む形で設定されているとみられる。実際，戦後教育改革で新制小学校が発足して算数科が教科の一つに位置付けられてから今日に至るまでの変遷には，このことが伺える。

　前節でみたように，これまで，戦後の生活単元学習から系統学習へ，その後の「数学教育現代化運動」期から基礎・基本の学習指導要領へ，さらに新しい学力観に基づく平成期の四度の改訂を経て，新しい学習指導要領が示された。この間，数学的な考え方の育成の重視，発展的・統合的な考察の重視，問題解決能力の育成，算数のよさへの着目等，目標とその重点に変遷がみられた。

> [研究問題 12-4]
> 　戦後の各改訂期の学習指導要領における目標や内容の変遷を具体的に調べてみよう。

(2) 資質・能力ベースの教育課程へ

　平成29年3月に告示された新学習指導要領は，日々変化しつつ予測困難な将来の社会の変化を背景に，育成を目指す資質・能力を中核に，算数科の教育課程の基準が示された。その他は，次のような特徴がみられる。

第 1 章　算数科の目標

　第一は，教科の目標と内容が，育成を目指す資質・能力の「三つの柱」で整理され，それらが教科の本質につながる「数学的な見方・考え方」に基づいて整理されたことである。第二は，算数・数学教育を，幼・小・中・高等学校の全体の仕組みに位置づけようとしていることであり，特に，小中間の接続が強く意識されていることである。第三は，児童・生徒の学びの過程が，各学校段階に共通の「算数・数学の問題発見・解決の過程」として具体的に想定されていることである。新学習指導要領では，授業改善の視点として「主体的・対話的で深い学び」という理念が意図されているが，その具体的なあり方が「算数・数学の問題発見・解決の過程」というプロセスに託されている。

　算数の目標は以下のように示されている。
「数学的な見方・考え方を働かせ，数学的活動を通して，数学的に考える資質・能力を次のとおり育成することを目指す。
(1)　数量や図形などについての基礎的・基本的な概念や性質などを理解するとともに，日常の事象を数理的に処理する技能を身に付けるようにする。
(2)　日常の事象を数理的に捉え見通しをもち筋道を立てて考察する力，基礎的・基本的な数量や図形の性質などを見いだし統合的・発展的に考察する力，数学的な表現を用いて事象を簡潔・明瞭・的確に表したり目的に応じて柔軟に表したりする力を養う。
(3)　数学的活動の楽しさや数学のよさに気付き，学習を振り返ってよりよく問題解決しようとする態度，算数で学んだことを生活や学習に活用しようとする態度を養う。」

　算数科では，これまで内容に即して例示されていた「算数的活動」が，4類型の「数学的活動」と改められた。このように，算数科の「数学的活動」は，中学校の3類型の数学的活動につながるように整理され，主体的・対話的で深い学びを実現するための数学的活動でも，小中の接続が意図されている。

(3)内容領域の構成
　新学習指導要領では，内容領域の構成も一部改められた。第1～3学年は，数と計算，図形，測定，データの活用の4領域，第4～6学年は，数と計算，

図形,変化と関係,データの活用の4領域となった。特に,これまでの「量と測定」領域の内容は,下学年の内容が「測定」として特化され,図形の計量等の上学年の内容は,B「図形」に移行した。また,従来の「数量関係」の領域のうち,統計に関する内容は,「データの活用」領域として,6学年全体で扱われることになり,関数に関わる内容や比と割合に関する内容は,「変化と関係」という領域に位置づけられた。この結果として,小学校高学年の4領域と,中学校数学科の4領域との接続が見やすくなった。

このように,資質・能力に基づく新しい学習指導要領は,これまでの算数教育を踏襲しつつも,その成り立ちや構成が大きく異なっている。これは,これからの社会を生きていく子どもたちのための算数教育の在り方を示している。

[研究問題 12-5]
　数学的な見方・考え方がどのように働いて,それが身に付いて行くか,数と計算領域おける数概念の形成を例に調べよう。
〈研究の指針〉
　第1学年の十進位取り記数法に基づく数の表現とその見方や考え方が,小数の学習や分数の学習にどのようにいかされていくか,数のまとまりや単位という観点から考察する。

[研究問題 12-6]
　小中の統計教育の関連について考察する手がかりとして,小学校の「データの活用」領域の内容から中学校の「データの活用」領域へといかに接続が図られるかを調べてみよう。
〈研究の指針〉
　算数科における統計教育が,低学年のデータの表現方法の学習から高学年での統計的問題解決の過程(いわゆるPPDACサイクル)へといかに展開し,中学校の学習へとつながるか,具体的な活動例で考察しよう。

第 2 章
数 と 計 算

2.1
整数の概念と表記

21-1　数学的な立場からの考察

(1) **自然数の定義**

① 集合論的な立場から

　小学校算数科では，整数は，ものの個数を表わしたり，ものの順番を表わしたりするときに用いており，十進位取り記数法によって表わされる。第1学年では整数のことを数（かず）と呼び，第3学年からは小数や分数と区別するために整数という用語を用いている。

　自然数（正の整数）と0を総称して整数という。

　自然数は，ものの集合のもつ側面のうち，そのものの個数に着眼して得られた概念である。鉛筆が3本で構成されている集合も，ノート3冊で構成されている集合も，その個数のみに着眼して同じ「3」というラベルがはられる。

　集合Aと集合Bの要素の間に一対一の対応がつけられるとき，集合Aと集合Bは対等であるといい，このことをA～Bと書くことにする。集合間の対等関係～は同値関係であり，①A～A（反射律），②A～BならばB～A（対称律），③A～B，B～CならばA～C（推移律）を満たす。このとき，各同値類につけられたラベルを集合の濃度という。有限集合からなる同値類につけられたラベルが自然数である。鉛筆が3本で構成される集合を $\{a, b, c\}$ と表し，ノート3冊で構成される集合を $\{\Box, \triangle, \bigcirc\}$ と表すことにすると，これらには濃度3の集合として同じラベル「3」がはられる。有限集合 $\{a\}$ $\{\Box\}$ などの濃度を1，$\{a, b\}$ $\{\Box, \triangle\}$ などの濃度を2というように順次表すことにすれば，有限集合の濃度は要素の個数を表す。これをふつう集合数といって

いる。ラッセル（Russel, R.）は，集合数に着目して自然数を定義した。

　測定数は，測定の対象としたある量を，それと同種の量を単位にして数値化したときの測定値を表している。測定数としての数の1つの表現である数直線は，直線上に基準となる点を決めてそれに0を対応させ（基準の0），決めた長さを単位にして目盛りを付け，点の位置で数を表したものである。

② 公理論的な立場から

　自然数は大小関係によって一列に並んでいて，前にあるものは後にあるものより小さく，逆に後にあるものは前にあるものより大きい。自然数のこの順序数としての部分を数学的にまとめたものに，次に示すペアノ（Peano, G.）の公理系がある。

　自然数系 N を，次の5つの公理を満たすものの集合と考える。「1」「自然数」「後者」は無定義術語である。

公理1　1は自然数である。

公理2　任意の自然数 x に対して，x の後者と呼ばれる自然数 x' がただ1つと存在する。

公理3　1を後者とする自然数は存在しない。

公理4　x' と y' が同一の自然数ならば，x と y も同一の自然数である。

公理5　M が次の条件(i)(ii)を満足する N の空でない部分集合ならば，すべての自然数は M に属する。

　　　(i) 1 は M に属する。

　　　(ii) x が M に属すれば，x' も M に属する。

　これをもとにして，1の後者1'を a，2の後者2'を b，3の後者3'を c などと表してもよいが，われわれはふつう，1' = 2，2' = 3，3' = 4，4' = 5，……と表している。さらに，自然数の加法，乗法の演算や大小関係などを定義することによって，自然数系の理論が展開される。

(2) **数とその表記**

　数を命名して数詞の組立て方を工夫することを命数法という。また，数を表し記録する方法を記数法という。古代の記数法として代表的なものは，以下

ものがある。

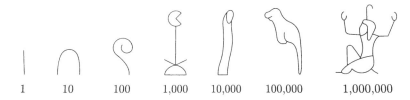

| 1 | 10 | 100 | 1,000 | 10,000 | 100,000 | 1,000,000 |

ヒエログリフによる記数法（中村・室井，2014, p.16）[4]

　現在では，命数法は10ずつにまとめるごとに新しい名前をつけて呼称する十進法が用いられている。記数法はインド・アラビア数字（算用数字）の0，1，2，3，…，9を使って数を表す位取り記数法が用いられている。

　一般に，n進法では，ものの個数Nを表すのに，それらのものをまずn個ずつにまとめることになる。さらに，そのときできたまとまりがn個より多いときは，まとまりを1と見て，それをn個数えて新しいまとまりをつくることになる。例えば，十進法では十の束をつくることになる。十進法では十の束を1とみて，束を十集めて新しい束（百）をつくる。このようにしてn個ずつまとめ続けていくとき，第m番目の段階まで達したとすると，Nは次のように表される。

　　$N = a_m n^m + a_{m-1} n^{m-1} + \cdots + a_2 n^2 + a_1 n^1 + a_0$

これを位取りの原理を用いて，

　　$N = a_m a_{m-1} \cdots a_2 a_1 a_0$

　　$(0 \leq a_0, a_1, a_2, \cdots, a_{m-1}, a_m \leq n-1, a_m \neq 0)$

と表す。位取り記数法では，ある位の数が存在しないことを示す記号が必要であり，0を用いて表す（空位の0）。たとえば，十進数に対して，二進数と五進数は，次のようになる。[1]

十進	0	1	2	3	4	5	6	7	8	9	10	11	12
五進	0	1	2	3	4	10	11	12	13	14	20	21	22
二進	0	1	10	11	100	101	110	111	1000	1001	1010	1011	1100

21-2 指導の立場からの考察

(1)数えることの重要性

　古代バビロニア時代のシュメール人は，両手を使って，60まで数えていたろされる〔研究問題21-1〕。また，古代ローマ人は一から一万までの数を両手の指で表す方法をもっていたとされる。このような指による数え方は，口頭による伝承が主たる手段となっていた[1]。古代エジプト人は，ヒエログリフを用いて，グループ化法による数表記をおこなっていた[4]。

　自然数は，ものの集合のもつ側面のうち，ものの個数に着目して得られた概念であるから，自然数の概念の理解を深めていくには，子供の身の回りにあるものの集まりについて，ものの個数を数える活動が大切になる。ものの個数を数えるためには，次のことが基本となる。

　(i)数える対象を明らかにする。
　(ii)ものと数詞を一対一に対応させる。
　(iii)最後の対象に対応する数詞を読み取る。

　(i)は数える対象を集合としてはっきりとらえることである。すなわち，何を1として数えるか，どの範囲のものを数えるかを明らかにすることが大切である。「何を1とみるか」は算数全体を貫く重要な着眼点である。(ii)では，数詞の理解が不可欠である。(iii)は最後の対象に対応する数詞がその集合の個数を表すという集合数の概念に結びつく。ものの順番を数えるときも同様な手続きとなる。このとき，最後の順番を表す数は個数を表す数と一致するが，順番を知るために数える場合は，はじめに何から数えるか，どんな順序で数えるかが問題になる。指導では，数える目的がよくわかる場を用意し，また，数える対象

を整理して並べたり，かたまりにして数えていくなど，児童自らが数えていく工夫ができるように配慮していきたい。

(2) **数詞の理解**

整数は，十進位取り記数法によって表されている。わが国の命数法では，一，十，百，千をそのまま繰り返し用い，4桁ごとに，万，億，兆という新しい単位を取り入れている。

千百十一	千百十一	千百十一	千百十一
兆	億	万	

十進法の考えにもとづき，数える対象を10ずつにまとめていき，それぞれの単位の個数が10になると，新しい単位に置き換える。また，位取りの考えにもとづき，それぞれの単位を異なる記号を用いて表す代わりに，これを位の位置の違いで示す。わが国の数詞は十進と万進で構成されており，数字を4桁ごとに区切って，大きな数の唱え方や表し方を考えていくとよい。

英語では「万」の数詞がなく，万は十千となる。たとえば，23000は，twenty three thousand となり，二十三千となる。英語の数詞は十進と千進で構成されており，数字を3桁ごとに区切っている。

hundred ten one	hundred ten one	hundred ten one	hundred ten one
billion	million	thousand	

国の予算や人口などの大きな数を表す際に，3桁ごとに「,」を用いて区切って表すことがあり，このように表された数についても読めるように指導する。

日本語の数の名称には，古代日本語の単位数の系列である「ヒ　フ　ミ　ヨ　イ　ム　ナ　ヤ　コノ　ト」と，中国文化が影響を及ぼしている「イチ　ニ　サン　シ　ゴ　ロク　シチ　ハチ　ク　ジュ」がある。[2]

(3) **十進位取り記数法の理解**

第1学年では，十進位取り記数法の原理についての基礎的な理解を図る。2位数については，10のまとまりの個数と端数という数え方を基にして表され

ており，数の構成についての感覚を豊かにすることを通して，十進位取り記数法の理解を図る。たとえば，37 については，一の位は 7，十の位は 3 であり，これは 1 が 7 個，10 が 3 個あるという意味である。

十進位取り記数法では，一，十，百などの単位の大きさを位置で表現するので記号が少なくてすみ，0 から 9 までの 10 個の数字を用いて，どんな大きさの数でも表すことができる。また，任意の位を単位にとっても，数字の配列は変わらない。たとえば，十進位取り記数法で表した 1230 は 100 を単位にして 12.3，10 を単位にして 123，$\frac{1}{10}$ を単位にして 12300 と表すことができる。

[研究問題 21-1]
　シュメール人による両手を使った数える方法で，60 まで数えてみよ。
　[方法 1]「左手の指で 1，2，3，4，5 と数えたら，右手の親指で 6 を表し，再び手で 7，8，9，10，11 と数える。そして 12 は右手の人指し指で表す。これを右手の指がすべて使われるまで繰り返す。右手の指はそれぞれ，6，12，18，24，30 を表す。続いて右手と左手を入れ替えれば，60 まで数えることができる。」[2]
　[方法 2]「人指し指から小指までにはそれぞれ関節が 3 つある。左手だけを使って，そのそれぞれの関節を親指で指していくと，12 まで数えられる。そうしたら右手の親指を伸ばして 12 を表し，再び左手で関節を数えていくと，最終的には 12，24，36，48，60 まで数えることができる。」[2]

[研究問題 21-2]
　古代ギリシアでは，位取りの考えのない十進法による記数法を用いていた。代表的な記数法の 1 つとして，アルファベット方式がある[3]。

第 2 章　数と計算

A	B	Γ	Δ	E	Ϛ	Z	H	Θ
1	2	3	4	5	6	7	8	9
I	K	Λ	M	N	Ξ	O	Π	Ϙ
10	20	30	40	50	60	70	80	90
P	Σ	T	Y	Φ	X	Ψ	Ω	ϡ
100	200	300	400	500	600	700	800	900
′A	′B	′Γ	…	$\overset{A}{M}$	$\overset{B}{M}$	…		
1000	2000	3000		10000	20000			

（中村・室井, 2014, p.85）

次の記数法で示される数字をこたえよ。
① ′BIΘ　　② ΩM△　　③ ′AΣOA

[研究問題 21-3]
　たとえば，マンションの部屋番号では，321 は 3 階の 21 号室を表している。分類整理してその結果を数を用いて示す考え方については，日常生活との関連に配慮し，具体的な経験を通して，そのよさを理解できるようにすることが大切である。現代の生活では様々なところに数が使われており，実際にどのように使われているのかを具体的に調べてみよ。

〈引用・参考文献〉
1) Gazalé, M.（2000）『Number』, Princeton University Press（小屋良祐［訳］（2002）『〈数〉の秘密—記数法と無限—』青土社）.
2) Menninger, K.（1958）『Eine Kulturgeschicht der Zahl』Vandenhoeck & Ruprecht（内林政夫［訳］（2001）『図説：数の文化史—世界の数字と計算法—』八坂書房）.
3) Ball, J.（2017）『Wonders Beyond Numbers: A Brief History of All Things Mathematical』Bloomsbury Publishing（水谷淳［訳］（2018）『数学の歴史物語—古代エジプトから現代まで—』中央精版印刷）.
4) 中村滋・室井和男（2014）『数学史—数学 5000 年の歩み—』共立出版.
5) Katz, V.（1998）『A History of Mathematics: An Introduction (Second Edition)』Addison-Wesley Educational Publishers（上野健爾・三浦伸夫［監訳］（2005）『カッツ 数学の歴史』共立出版）.

2.2 整数の加法・減法

22-1 数学的立場からの考察（加法・減法の定義）

(1) 公理論的立場から

　公理論的立場から自然数の意味を明確にして，加法と減法ができるようにするために，以下のように加法を定義する。

　自然数 a の後者を a' で表すとき，2つの自然数 a, b に対して，
　　① $a + 1 = a'$
　　② $a + b' = (a + b)'$

を満足する1つの数 $a + b$ を対応させることを「加法」という。

　①より $1 + 1 = 1' = 2$, $2 + 1 = 2' = 3$, $3 + 1 = 3' = 4$, …となる。こう考えることで，自然数系列 1, 2, 3, 4, …を得ることができる。

　また，②より，$3 + 2 = 3 + 1' = (3 + 1)' = (3')' = 4' = 5$ となり，2つの数に加法ができるようになる。この定義は，$3 + 2$ とは3の後者の後者，すなわち3に1をたしてまた1をたすという「加数分だけ数えたす」考えを表している。

　この定義から，次のような自然数の加法の基本的な性質が導かれる。

　自然数 a, b, c に対して，
　　① $a + b$ という自然数（これを a と b の和という）がただ1つ確定する。
　　② $(a + b) + c = a + (b + c)$
　　③ $a + b = b + a$

(2) 集合論的立場から

　ものの個数を数えるときには，その対象を集合として捉える。数える対象が2つあるとき，これらを一緒にして1つの集合にし，その全体の個数を数える。集合Aの大きさ（要素の数）を $n(A)$ で表すことにすれば，2つの集合A, Bの大きさの間には，次の関係が成り立つ。

　　$n(A \cup B) = n(A) + n(B) - n(A \cap B)$

特にA，Bの共通集合（A ∩ B）= ϕ のとき，したがって $n(A \cap B) = 0$ のときは，$n(A) + n(B) = n(A \cup B)$ となる。これを加法の定義とすることもできる。この考えでは，加法は互いに素な2つの集合A，Bの和集合 A ∪ B = C をつくり，その大きさを求めることである。

減法は，加法の逆算として，以下のように定義する。

自然数 a, b に対して $a + x = b$ となる自然数 x が存在するとき，$x = b - a$ として，x を求めることを「減法」という。このようにすると，減法ができるときとできないときがあるが，できるときは，$b - a$ という自然数（これを b から a をひいた差という）がただ1つ確定する。

22-2　指導の立場からの考察

加法と減法の指導については，計算の意味と計算の方法について考えていく。

(1) 加法と減法の意味

①加法の意味

加法は2つの集合を合わせて新しい集合をつくったときの要素を求めることである。加法の具体的な意味は大きく3つある。

　ア　合併…2つの数量が同時に存在するとき，それらの2つの数量を合わせた大きさを求める場合

　イ　増加…ある数量に追加したり，ある数量が増加したりしたときの全体の大きさを求める場合

　ウ　順序…ある番号や順番から，さらに何番か後の番号や順番を求める場合

合併と増加は，2つの数量が同時に存在しているか，時間の経過があるかの違いがある。合併の場合は性質で区別された2つの集合の和であり，増加は時間の差で区別された2つの集合の和である。どちらも2つの集合を合わせた集合の要素の個数を求める演算という意味では同じとみられる。

これらはものの集まりについての集合数の演算であるが，ウのように順序を考えるときにも加法を用いることがある。

②減法の意味

　減法は1つの集合を2つの集合に分けたときの一方の集合の要素を求めることである。減法の具体的な意味は大きく3つある。
　　ア　求残…ある数量から，他の数量を取り去ったり，ある数量が減少したりしたときの残りの数量の大きさを求める場合
　　イ　求差…2つの数量の差を求める場合
　　ウ　順序…ある順番から，いくつか前の順番を求める場合や，2つの順番の違いを求める場合
　求残と求差は，時間の経過があるか，2つの数量が同時に存在しているかの違いがある。また，例えば，6－4の場合，求残は図2.2.1のように，大きい方の数から小さい方の数を取り去ったときの残りの数を求める操作である。これに対して求差は，図2.2.2のように，2つの数量を比較して違いを求める操作であり，操作の上でも意味が異なる。

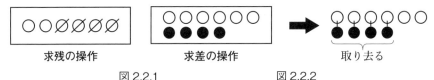

図2.2.1　　　　　　　図2.2.2

　そこで，求差の操作において，2つの数量を1対1に対応させ，対応がつかなかったものの数を数える操作とみなし，1対1に対応させた4を取り去ると考えると，求残と同じ結果が得られる。減法とは「取り去った残りを求める」こととすれば，求残も求差も同じとみることができる。
　ア，イ，ウの意味の他に，異種のものの数量を同種のものの数量に置き換えて考える場合もある。例えば，「いすが3個あります。5人でいすとりゲームをします。いすにすわれない人は何人いますか。」の減法の問題の場合には，図に表していすの3個を人数の3人と一対一対応して同種の数量として捉え，5－3の計算を行う。加法と減法は「同種」「同単位」のものの集合について考える演算であることにも留意したい。
　加法と減法の指導に当たっては，具体的な場面について，どの場面において

も同じ加法や減法が適用される場として考えることができるように指導し，具体物を用いた活動を通して意味を理解させていくことが大切である。

> [研究問題 22-1]
> 　3＋5，5－2 の式で答えが求められるいろいろな意味の問題をつくりなさい。
> 〈研究の指針〉
> 　加法と減法の計算は同種同単位のものについて考える。例えば，加法で「みかんが 3 個あります。りんごが 5 個あります。」という問題では，みかんの集合とりんごの集合はそれぞれ種類で区別された別の集合である。たした後の集合は種類の区別をやめ，「くだもの」という同種の集合とみてたす必要がある。そこで，続きの問題文は「くだものはみんなで何個ありますか」と共通にみることができる観点を添えて問うことが大切となる。

(2) 加法と減法の計算

　第 1 学年では和が 10 以下の加法及びその逆の減法と，和が 10 より大きい数になる加法（加法九九）及びその逆の減法（減法九九）を指導する。第 2 学年から第 4 学年までは加法と減法の筆算を指導する。筆算は位をそろえて，位ごとに加法九九や減法九九を使って計算する。したがって，加法九九と減法九九は，その後の加法や減法の計算の基礎となる重要な内容である。

　加法と減法の計算の仕方を考えるときには，数量の関係に着目させることが大切となる。具体的には，加法九九や減法九九を行うときには，10 のまとまりに着目させて 10 までの数の合成と分解を生かして計算する。筆算の計算を考えるときには，位をそろえることに着目させる。

　加法と減法の計算の指導には次の段階がある。
① 素地指導
　③ の加法九九と減法九九を考えるときに着目させる「10 のまとまり」と「10

までの数の合成・分解」の指導である。加法九九は10をつくることに着目し、1から10までの数の合成・分解を円滑に行って計算する。

②和が10以下の加法及びその逆の減法

5＋3の場合、5と3を一緒にして、1、2、3、…、8と数え、全体の大きさを8とすることである。この場合、一緒にした集合の要素を一つ一つ順に数えないで、5を念頭に置いて、「ろく」「しち」「はち」と数えたして全体の大きさを正しく求めることもできるようにする。

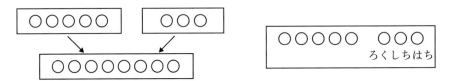

図2.2.3

③加法九九と減法九九

ア）加法九九

10までの数の合成・分解を基にして、被加数や加数を分解して10をつくることに着目して、「10とあといくつ」という数の見方で全体の大きさを求める。次のように、被加数を分解するか、加数を分解するかで2つのやり方がある。

8＋7の例では、被加数8を10にするために加数7を2と5に分ける。8と2で10をつくり、5をたすと15となる。もう一つは、加数7を10にするため被加数8を5と3に分ける。3と7で10をつくり、5をたすと15となる。

| 加数分解　8＋7＝8＋(2＋5)
　　　　　　＝(8＋2)＋5
　　　　　　＝10＋5
　　　　　　＝15 | 被加数分解 8＋7＝(5＋3)＋7
　　　　　　＝5＋(3＋7)
　　　　　　＝5＋10
　　　　　　＝15 |

イ）減法九九

10までの数の合成・分解を基にして、減法の計算の仕方を考えるときには、

減加法と減々法の2つのやり方がある。15−7の例では，減加法は15を10と5に分け，10から7をひいて，その差と一の位の5をたして3＋5とする。減々法は15を10と5に分け，7をひくときに，被減数一の位の数5の分をひき，その後さらにひき足りない2を10からひく。どちらの方法も10のまとまりをばらにしてひくことは共通している。

減加法　$15-7=(10+5)-7$ 　　　　　$=(10-7)+5$ 　　　　　$=3+5$ 　　　　　$=8$	減々法　$15-7=15-(5+2)$ 　　　　　$=(15-5)-2$ 　　　　　$=10-2$ 　　　　　$=8$

④簡単な2位数の加法と減法

　簡単な2位数の加法と減法を指導し，1位数までの計算の理解を深め，2位数までの数の理解を確実にする。例えば，30＋50の計算は10を単位として考えると3＋5を基にして求めることができる。これは，単位の考えを基にした計算であり，第2学年以降の300＋500，3000＋5000，0.3＋0.5，$\frac{3}{7}+\frac{5}{7}$などの計算に生かされる見方・考え方である。減法でも同様な見方で計算を指導する。

⑤加法と減法の筆算

　加法と減法の計算では第2学年から筆算形式を指導する。筆算は計算を正確にかつ能率的に遂行する方法である。35＋29を例にして考える。

ア）位取りをそろえる

　3と2は十の位で10を単位とした数，5と9は一の位で1を単位とした数である。位取り記数法の原理では単位を位置で区別するため，位置をそろえることによって，たす単位をそろえることが大切である。

イ）加法九九

　位ごとに加法九九を使って計算する。反射的にできるよう習熟が必要となる。

ウ）繰り上がり

　一の位の計算の答えが10を超えるときには十の位に1繰り上げる。

エ）下位から計算を進める

　本来は上の位から計算することが自然だが，下の位から上の位への繰り上がりを考慮すると，書き直しをしないためには下位の5＋9の加法を先に行うことが必要となる。

　減法の場合は，イ）が減法九九，ウ）が繰り下がりとなる。以上，4つの手続きを組み合わせて加法と減法の筆算形式は構成される。

> [研究問題22-2]
> 　加法九九と減法九九における計算の仕方をそれぞれ2つずつ示し，おはじきなどの絵や図に表して，それぞれの特徴を調べなさい。
> 〈研究の指針〉
> 　加法は，被加数分解と加数分解のどちらを10のまとまりにするかに着目する。減法は，10のまとまりを先に崩すか，後に崩すかの違いがある。

(3) **加法と減法に関して成り立つ性質**

　第2学年では，数量の関係に着目し，加法に関して成り立つ結合法則や交換法則を具体的な場面において見いださせていく。また，例えば，7＋12＋8＝7＋（12＋8）のように，結合法則や交換法則を生かして能率的に計算できることに気づかせていく。

(4) **加法と減法との相互関係**

　加法と減法の導入指導では，具体的な場面で意味を指導し，それぞれ独立に扱う。その後，加法と減法の理解をさらに深めるために，次のような加法と減法との相互関係を指導する。

　3つの数量A，B，Cについて，図のような関係があるとき，AとBがわかっていてCを求める計算A＋B＝Cが加法である。また，Cと，AまたはBのどちらかがわかっていてBまたはAを求める計算C−A＝B，C−B＝Aが減法である。このように加法と減法は3つの数量のどれを求めるかにより相互に関係づけられる。加法と減法の相互関係について次のように指導をする。

第 2 章　数と計算

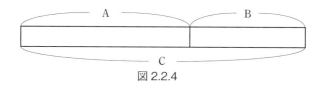

図 2.2.4

「子供が 14 人遊んでいました。そのうち，6 人が帰りました。残りは何人いますか」という問題は 14 − 6 = 8 と求められる。一方，「子供が遊んでいました。そのうち，6 人が帰ったので，8 人になりました。はじめに何人いましたか」という問題を取り上げる。前者の問題では「帰ったら減る」事象と残りを求める操作は一致していたが，後者の問題では，意味は求残で減法だが，答えを求める式は加法 6 + 8 = 14 となる。事柄が起こる順序の逆の順序に考え答えを求めなければならない。逆思考の問題といわれる。このような逆思考の問題では，未知数を□で書くことを指導すると，問題場面を事柄が起こる順序どおりに□ − 6 = 8 と式に表すことができ，□を使って数量関係を上記の図に表すことで加法と減法の相互関係を生かして答えを求めることができる。

〈参考文献〉
文部科学省（2018）『小学校学習指導要領（平成 29 年）解説算数編』，日本文教出版．

2.3
整数の乗法・除法

23-1　数学的立場からの考察

(1)乗法の定義
①公理論的立場から：ペアノの公理系
　ペアノの公理系によって自然数を構成するとき、乗法は次のように加法を用いて定義される。
　(ⅰ)　$a \times 1 = a$
　(ⅱ)　$a \times b' = (a \times b) + a$　（ただし、b' は b の後者を示す）
　この定義を基に、結合法則 $(a \times b) \times c = a \times (b \times c)$、分配法則 $a \times (b+c) = a \times b + a \times c$、交換法則 $a \times b = b \times a$ 等が証明される。

②集合論的な立場から
　乗法を加法とは別の演算として2つの集合の直積を基に定義する方法がある。AとBの2つの集合があるとき「AとBの直積」とは、Aの要素 a とBの要素 b との順序づけられた組み合わせ (a, b) 全体でつくられる集合のことであり、これをA×Bと表す。そして集合Aが p 個の要素をもち、集合Bが q 個の要素をもつとき、$p \times q$ を次のようにAとBの直積の要素の個数と定義する。

$$p \times q = n(A \times B)　（n(A \times B) はAとBの直積の要素の個数）$$

　つまり、$p \times q$ を集合Aの要素と集合Bの要素それぞれ1つずつ選んでつくった組み合わせ全体の数を求めることとするのである。AとBの直積について、そのすべての要素を表現するに当たっては図2.3.1のような q 個ずつ p 列並んでいるものを活用するとわかりやすい。このような図2.3.1はアレイ図と呼ばれ、乗法の入門期には大いに活用される図である。交換法則、分配法則、結合法則もこのアレイ図から説明することができる。

第 2 章　数と計算

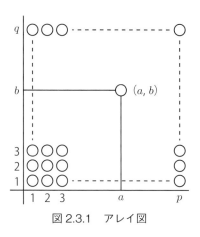

図 2.3.1　アレイ図

(2) **除法の定義**

　除法は，数学的には乗法の逆の算法として定義される。すなわち，2 つの整数 a, b ($b \neq 0$) について，方程式 $b \times x = a$ で，x を求める算法を $x = a \div b$ として「÷」という記号を用いて表す。ただし，どのような a, b についても x が整数解をもつとは限らないので，整数の範囲では，整数解をもつ場合に限ることになる。

　x が整数解をもたない場合にも除法を適用するためには，整数の次のような性質に基づいて除法の適用範囲を広げていく。

　　任意の整数 a, b ($b > 0$) に対して　　$a = b \times q + r (0 \leqq r < b)$

　　となるような整数 q, r がただ 1 組定まる

　この q 及び r を求めることを，除法 $a \div b$ とする。整数解が得られる場合を，通常「割り切れる」というが，これは $r = 0$ の場合で，このとき q を商という。また，$r \neq 0$ のときは，a は b で「割り切れない」といい，この場合にも q は商といい，r を a を b で割った余りという。上記の整数の性質は整数論を展開する場合に有用であるが，除法に適用することについては，乗法の逆の算法という除法の数学的な定義とは整合性を保つものではない。しかし，伝統的に日本のみならず諸外国でも上記のような q, r を求める計算を除法としてきているので，それに従っていくこととする。

23-2　指導の立場からの考察

　乗法・除法の指導については，計算の意味と計算の方法との 2 点について考える必要がある。一般に「かけ算」「わり算」というと，とかく筆算を中心とした計算方法の習熟に関心がもたれやすい。しかし，乗法・除法がどのような

ものを求めているのか，その意味について理解をしていくことは，子供が計算方法を自らつくり出していくことや，乗法・除法を具体的な場面に適用する際の判断を正しく行っていくことにつながっていく。

(1) 乗法，除法の意味
①乗法の意味

　乗法が学ばれる時点での，子供の既習事項は加・減法である。そこで，乗法の意味は加法を基にして「同数累加の考え」で導入されることが多い。これは，「何を何個加えるか」を簡潔に表す方法として乗法を意味づけるものであり，例えば a のかたまりが b 個あるときに「$a \times b$」と表すものである。言い換えると，かけ算を「（1つ分の大きさ）×（幾つ分）＝（幾つ分かに当たる大きさ）」として意味づけるのである。また，幾つ分を表す「b」を「倍」とみて，同数累加の考えを基に $a \times b$ の意味を「a の b 倍に当たる大きさ」という割合の見方も扱っていく。

　上記のような意味づけをしたとき「$a \times b$」の a と b はそれぞれ異なる意味をもつ。つまり，「$a \times b$」と「$b \times a$」では表している内容が異なるということである。こうした扱いについては，乗法には交換法則が成り立つこと，中学生になれば「$a \times 4$」も「$4 \times a$」も共に「$4a$」となること，「$a \times b$」の意味づけが万国共通ではないこと等の理由により，反対意見もある。しかし，小学校では「a が b 個分ある」というように具体的な場面に即して式の学習指導が進むこと，除法では商の意味が2通りとなること（後述），さらに困難教材といわれる割合や単位量当たりの大きさの学習では a と b の意味づけが重要となること等を考えると，小学校段階では a と b の意味づけを重視する必要がある。したがって，テスト等で「$a \times b$」と記すべきところを「$b \times a$」とした解答について不正解とするかどうかは，それぞれの教師の判断にゆだねざるを得ないが，少なくとも授業の中では a と b の意味づけを重視した学習指導がなされるべきであろう。

②除法の意味

　除法の意味づけは，乗法での被乗数と乗数の意味が異なることに対応する。例えば「子供1人にあめを3個ずつ配ります。4人の子供に配るとすると，あ

めは12個必要です」という場面を「$3 \times 4 = 12$」という乗法の式に表したとすると、除法では次の2つが考えられる。一つは「12個のあめを4人で同じ数ずつ分けます。1人何個でしょう」という問題文になり$12 \div 4$で求めるものである。これは等分除といわれるものである。もう一つは「12個あるあめを1人に3個ずつ配ります。何人に配ることができるでしょう」という問題文になり、$12 \div 3$で求めるものである。これは包含除といわれるものである。つまり、上記の場面で、$x \times 4 = 12$のxを求めるものが等分除、また、$3 \times x = 12$のxを求めるものが包含除ということになる。この等分除と包含除の2つの場面は具体的な場面で考えると配り手の配る意図が異なっている。しかし、どちらもあめが等分されていること、すなわち、どちらも同じ数ずつ取っていく同数累減の場面であること（等分除の場合も4個取って1人ずつに配るとみれば、4個ずつ取っていることとなる）から、操作として同一視でき、つまりは、どちらも乗法の逆の算法である除法としてよいこととなる。

　除法を指導する際には等分除と包含除の両方の場面を適時扱っていくが、除法の導入に際し、等分除・包含除のどちらから導入するのかについては意見が分かれる。日常生活を考えると上記のような包含除のような配り方はほとんど行われず、等分除のようないわゆるトランプ配りが圧倒的に多い。したがって子供には等分除の方が理解しやすい。その一方、同数累減による意味づけによって同数累加で意味づけられた乗法の逆の算法であることを具体的な操作によって捉えるには包含除による導入の方がよい。さらに、包含除から導入すると等分除によるトランプ配りも上述のように同数累減であるので同じ操作となり、等分除も包含除と同じ除法であることを操作によって捉えさせることができる。それぞれに長所短所があるので子供の実態を把握した上で導入素材を考えることが大切となろう。

　以上考察してきた乗法、除法の意味は整数の範囲でのことであって、有理数の範囲まで考えるときには、乗法・除法の意味を拡張することが必要となる。

③**数直線による乗法・除法の意味づけ**

　乗法と除法の意味を理解し、演算決定を行ったり計算の仕方を考えたりする

ために数直線を活用することがある。数
直線によって乗法・除法がそれぞれ何を
求めているのか視覚的に捉えることがで
きる。例えば $a \times b = c$ （$b>1$）の場面を
図2.3.2のように数直線に表すと，c は
a を1つ分とみたときその b 個分に当た

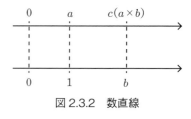

図2.3.2　数直線

る数となり，それを $a \times b$ で求めるとすれば，幾つ分に当たる b を求めるとき
は $a \times x = c$ から $c \div a$（包含除）という除法となることがわかる。また，1つ
分に当たる大きさ a を求めるときは $x \times b = c$ から $c \div b$（等分除）という除法
となることもわかる。

　なお，乗法・除法の演算を適用できる場面は，暗黙の内に比例の関係を認め
ており，数直線からその比例の関係を数の対応関係とともに視覚的に捉えるこ
ともできる。例えば，数直線上の「1つ分」が「b 個分」になるには「1」が b
倍されており，それに伴って，「a」も b 倍されて「c」になるということが数
直線から捉えることができる。こうした数直線上での対応関係に基づいた変化
の関係の把握は，小数・分数の乗法・除法の場合にも用いることができ，乗
法・除法の意味を拡張していくときに有用なものとなる。
（乗法・除法の意味の拡張での数直線の具体的な用い方については「2.5　小
数・分数の乗法・除法」を参照）

[研究問題23-1]
問1　乗法の意味について，5年生の学習で乗数が有理数にまで広がると
　　同時にその意味を拡張する必要がある。意味の拡張を5年生で行うに
　　当たり2～4年生ではどのようなことを学習しておく必要があるのかを
　　除法の意味の拡張も含めて考察しなさい。
問2　除法の導入に際し，等分除と包含除のどちらで導入するのか意見が
　　分かれる。それぞれで導入した場合の長所短所について，本文で挙げて
　　いる例も含めて具体例を挙げて考察しなさい。

〈研究の指針〉
　乗法の意味の拡張に当たり，欠かせない見方の一例として，倍の意味の拡張がある。そこでは2つの数量の関係を「一方を1とみたとき，他方はその幾つに当たるか」という抽象的な見方をする。したがって「1とみる」見方の素地として5年生までにどのようなことが挙げられるのかを考える必要がある。「学習指導要領解説算数編」や教科書を参考にするとともに，他の欠かせない見方についても考察するとよい。
　除法の導入素材については，操作のわかりやすさや乗法九九との関連性などによってその選び方が変わってくる。各教科書や実践事例集等を調べ，子供の立場に立って考えてみるとよい。

(2)乗法・除法の計算
　計算の方法について考えるとき，乗法・除法の筆算形式の指導にその重点が置かれがちとなる。この考え方では，答えを出す形式を教え習熟させることに指導が終始する。確かに乗除の計算について子供が習熟していくことは日常生活を営む上で大切なことである。しかし，これらの計算方法には，乗法九九や乗除の性質，さらには，十進位取り記数法などの原理を巧みに活用した素晴らしい工夫が含まれている。したがって，この点に目を向け，計算方法を子供がつくり出していく場面を，数学的な見方・考え方を働かせる大切な学習の場面として捉えていく必要がある。これは，電卓やパソコンといった計算の道具が身近になった昨今，今後の算数教育のあり方を考える上でも重要なことである。

①乗法の計算
　乗法の計算の第一歩となるものが乗法九九である。乗法九九は，1位数同士の自然数の乗法を語呂よく暗記する方法で，これを基にして乗法の筆算だけではなく除法計算全般が行われる。このことからも，乗法九九を子供が着実に暗記するべきものと考えることに議論の余地はない。ここで重要なことは，乗法九九を暗記させることとともに，九九の答えの見つけ方を子供が考えていくよ

うにすることである。これは、たとえある数についての九九を忘れても、子供自身が答えを見つけ出していくことにつながり、さらに九九を超えた数の乗法の計算方法を考え出していくことにつながっていく。例えば、7の段の九九の答えを求めるとき、「乗数が1大きくなれば積は被乗数分だけ大きくなる」というかけ算の性質を活用して7ずつ加えていったり、アレイ図を基に2の段と5の段を合わせると7の段になるということ（分配法則）を活用したり、これまでに覚えた九九の中から「×7」のものを探して交換法則を活用して求めたりと、様々な方法によって答えを見つけることが大切である。さらに、結合法則についても、計算順序を変えることによる工夫にとどまらず、例えば「かける数を2倍、3倍…すると、積も2倍、3倍…となる」というような乗法の意味に直接つながった解釈を通して活用させることが考えられる。

　このような活動を既習経験として、被乗数・乗数が2位数以上になったとき、筆算につながる計算の方法を子供自身でつくり出していけるようにしたい。

②除法の計算

　除法の筆算は被除数の左の位から順に単位の小さいものへと、乗法九九を使って次々に処理をする。ここでは、例えば20や200を2とみる数の相対的な大きさの理解が有効に働く。また、「除数、被除数に同じ数をかけても、同じ数で割っても商は変わらない」などの除法についての性質を活用し、未習の除法についてもその計算方法を子供自身で考えていくことも大切である。

　なお、乗法・除法ともに、乗除の関係や性質を活用して計算結果を自分で確かめていく態度を子供に育てていくことも忘れてはならない。

[研究問題23-2]

　2位数×1位数の導入で12×3を取り上げたとする。この計算を既習事項（九九及び計算法則を含む）を活用して処理しようとすると様々な方法が考えられる。どんな方法があるのかを考え、それぞれについて2位数×1位数の計算としての一般性、発展性などの観点から考察しなさい。

また，24×36についても同様に考察し2位数×2位数の筆算形式に至るまでの学習過程を説明しなさい。

〈研究の指針〉

　乗法・除法とも筆算形式の指導に当たっては，単に形式を覚えさせることに終始してはならない。数学的な見方・考え方を働かせるという立場から筆算形式につながる計算の仕方を子供が既習事項を活用して創造的に考えるようにする必要がある。この際に有効に働くのは十進位取り記数法の原理と計算法則であり，これをうまく活用することで，桁数が多くなった乗法も九九だけでできるようになる。特に分配法則は九九の答えを求めるときから活用されたもので，この法則によってそれぞれの計算方法を同じ考え方としてみることができる。

2.4
小数・分数の加法・減法

2.6 で有理数を扱うので，本節では表記としての小数・分数を中心に考察する。

24-1 数学的立場からの考察

分数の概念は歴史上古くから見られる。紀元前 1700 年頃にかかれたパピルスには，分数を単位分数の和で表したという記録が残されている。今日流の表し方に直すと，

$$\frac{2}{65} = \frac{1}{39} + \frac{1}{195} \qquad \frac{2}{73} = \frac{1}{60} + \frac{1}{219} + \frac{1}{292} + \frac{1}{365}$$

などとなる。一方，分数と比べると，小数の概念はかなり新しいものである。小数は，インド数字による十進位取り記数法がヨーロッパに普及した 16 世紀に，ベルギーのステヴィンが考案したといわれている。ステヴィンによる小数の表記は，「37 ⓪ 3 ① 7 ② 5 ③」(37.375 を指す) のようなものであった。その後，何人かの手による改良を経て，ネイピアによって今日のような表記に落ち着くことになった。

数学的には，小数は分母が 10 の累乗である分数とみなすことができ，また，すべての分数は，分子を分母で割ることで有限小数あるいは循環小数にすることができるので，この範囲では小数と分数は同値になる。また，小数も分数も端下の処理をする上で用いられ，両者ともに除法の計算を常にできるようにするという機能をもつ。

小数は，自然数における位取り記数法の考えを，1 に満たないような端下の数を表現する際にも用いるようにしたものである。すなわち，底として 1 より大きい自然数 p をとると，任意の正の実数は，0, 1, 2, 3, …, $p-1$ の p 個の数字を用いて，

$$a_n p^n + a_{n-1} p^{n-1} + \cdots + a_1 p + a_0 + \frac{b_1}{p} + \frac{b_2}{p^2} + \cdots + \frac{b_m}{p^m} + \cdots$$

$$(\ 0 \leqq a_n, a_{n-1}, \cdots, a_1, a_0, b_1 \cdots, b_m, \cdots < p)$$

の形の級数の極限として表される。これを，整数のときと同様に位取りの原理を用いて略記すると，

$$a_n a_{n-1} \cdots a_1 a_0 . \quad b_1 \cdots b_m \cdots$$

となり，p-進小数となる。ここで，$p=10$ ととったものが，我々が通常用いている小数である。

分数は，直積集合 $S = N \times N = \{(a, b) \mid a \in N, b \in N\}$ (N は自然数の集合) に同値関係〜を「$S \ni (a, b), (c, d)$ に対して $(a, b) \sim (c, d) \rightleftharpoons ad = bc$」と定義して，これを類別した集合 $P = S/\sim$ をつくるとき，$S \ni (a, b)$ の属する類 $P = \{(x, y) \mid (x, y) \sim (a, b)\}$ を，その代表元によって $\frac{a}{b}$ と表したものである。したがって，P では「$\frac{a}{b} = \frac{c}{d} \rightleftharpoons ad = bc$」という相等関係が成立する。また，$P$ において大小関係と四則演算を次のように定義する。

$P \ni \frac{a}{b}$, $P \ni \frac{c}{d}$ に対して，

(1) 大小関係　$\frac{a}{b} > \frac{c}{d} \rightleftharpoons ad > bc$

(2) 加法　$\frac{a}{b} + \frac{c}{d} = \frac{ad+bc}{bd}$

(3) 乗法　$\frac{a}{b} \times \frac{c}{d} = \frac{ac}{bd}$

減法及び除法は，これらの逆算として得られる。

N は加法及び乗法について閉じた代数系であるが，減法と除法については閉じていなかった。P をこのように構成することにより，P は加法，乗法，除法について閉じた代数系となる。そして，$N \ni a$ を $\frac{a}{1} \in P$ と同一視すると，P は

Nを含むとみなすことができる。

24-2 指導の立場からの考察

(1) 小数

小数は，端数部分の大きさを表すために用いられる。第3学年では，小数の表し方と $\frac{1}{10}$ の位について（例えば，0.4は0.1の4つ分と表せる），第4学年から第5学年では，$\frac{1}{100}$ の位，$\frac{1}{1000}$ の位等について指導する。

小数の導入では，児童がすでに知っている整数では解決困難な場面を示し，小数をつくることの必要感をもたせることから始めたい。そうした場面の一つに，連続量をある単位で測定しようとして，端下が生じてしまった場合がある。端下の部分の大きさを表す工夫を考える中で，10のまとまりに着目し，「ある単位のものが10個あったらそれをまとめて1つ上の単位にする」という整数のときの十進法の考えから，今度は，「ある単位について，端数が出た場合は，その単位を10等分して1つ下の単位にする」という考えを引き出していく。このように考えると，下位の単位を定めて測定して，さらに端下が出てきたとしても，同じように考えて単位を小さくしていくことができる。こうして，小数に整数と同じ十進構造が導入される。

小数を表記する際は，整数では上の単位を左の位にかいていたので，下の単位は右の位にかくことになる。このとき，小数点は一の位を明示する記号として指導する必要がある。このようにして，小数は十進位取り記数法で表記されることになる。小数も整数と同様に，十進位取り記数法に基づく数の表し方であることを統合的に理解することが大切である。そのために，小数における相対的な数の大きさ，例えば，1.25を0.01を単位として125とみることを扱い，整数の表し方との共通点を見いだすようにする。

数直線上では，整数は離散的な点として表された。しかし，小数では，10等分を繰り返しながら，その間に挿入されていくことになる。このように，小数は，数直線では稠密性をもった点として示される。これは，有理数としての性質が現れているところであり，小数が整数と違うところである。小数を整

数と同じ数直線上に表し，2.4が整数の2と3の間にあること，2と3の間を10等分した目盛りの4番目にあること等，整数と関連付けて指導することが大切である。

(2)小数の加法・減法

第3学年では，小数でも数を比べたり計算したりできるかどうかを考え，また，小数が単位で構成されていることの理解を深めるために，$\frac{1}{10}$の位までの小数の加法・減法について指導する。第4学年では，$\frac{1}{100}$の位等の小数の加法・減法を指導する。

整数では，位ごとの加法・減法を行ってきたが，小数も各位は同単位となっているので，同様の考えで行うことができる。小数の仕組みに基づいて，整数と同じ原理，手順でできることを理解することが大切である。ここでも，小数における相対的な数の大きさが重要となる。数のこうした捉え方によれば，0.3＋0.4は，0.1を単位とすると3＋4の整数の計算で処理することができる。小数の加法・減法が，整数の計算に帰着できることに気づくことが大切である。

筆算においても，整数の筆算と同じ考えを用いることができる。ここで，整数では，右端の位がそろう形となっていたため，児童の中には，小数の筆算においても，単純に右端をそろえようとする者が出てくる。小数では，位をそろえるために，小数点が縦に並ぶようにかく必要があることを理解することが大切である。なお，位をそろえることには，同単位で考えるという数学的な考え方があり，整数，小数，分数，様々な量の計算等で活用される。

(3)分数

分数は，等分してできる部分の大きさや端数部分の大きさを表すのに用いられる。第2学年で，$\frac{1}{2}$や$\frac{1}{3}$等の簡単な分数を指導し，第3学年で，分数が単位分数（分子が1である分数）の幾つ分で表されることを指導する。例えば，$\frac{2}{5}$は，単位分数$\frac{1}{5}$の2つ分の大きさを表す。小数と同様に分数も，単位に満たない端下の処理をどうするかという場面で必要になる。小数との違いは，10等分していって下の単位をつくるのではなく，1つのものを任意個に等分

していく点である。

分数は，様々に用いられる。具体物を5等分したそれぞれを，5分の1といい，$\frac{1}{5}$ とかく。また，その2つ分を，元のものの5分の2といい，$\frac{2}{5}$ とかく。このように用いられる分数を「分割分数」，あるいは，5つに分けて2つとるという操作が含まれるため「操作分数」と呼ぶ。分母は等分の仕方を，分子は集めた個数を示しており，分母と分子は切り離して考えられている。また，操作を行うことに注目があり，1mを5等分した2つ分も，2mを5等分した2つ分も，$\frac{2}{5}$ といえる。

1mや1Lといった単位量を分割し，1つの単位に対しての量の大きさを表した分数を「量分数」と呼ぶ。1mを5等分した2つ分は $\frac{2}{5}$m であり，1つの確定した量の大きさを表している。2mを5等分した2つ分は $\frac{2}{5}$m ではない。量分数では，量の大きさが表されているため，分数同士の大小の比較を行ったり，和や差を考えたりすることができる。しかし，児童は，分割分数による意味づけが自然であるため，そちらにとどまり，量分数の理解が難しい場合があることへの注意が必要である。

第5学年では，さらなる分数の用い方が出てくる。整数の範囲で除法を行うと，割り切れる場合，商は整数となり1つの数で表すことができるが，割り切れない場合，商を1つの数で表そうとすると，分数が必要になる。このような商を表す分数を，「商分数」と呼ぶ。$\frac{2}{5}$ は，$2÷5$ の商を表している。実際，2mを5等分したときの1つ分の大きさは，1mを5等分した2つ分に等しいので，$2÷5=\frac{2}{5}$ と考えることができる。$a÷b$（a，bは整数でbは0でない）の商を $\frac{a}{b}$ という分数で表すと，商が整数や小数になる場合を含めて，どのようなときも除法の結果を1つの数で統合的に表すことができる。

分数は2量の割合を表すのにも用いられる。2量A，Bがあって，基準量Aに対する比較量Bの割合を表すのに分数を用いるとき，「割合分数」と呼ぶ。例えば，4mは10mの $\frac{2}{5}$ というような用い方である。割合分数は，分数の乗法・除法の意味を説明する上で用いられる。

分数，小数は，有理数の表し方であるため，同じ大きさの有理数を，分数あ

るいは小数で表すことができる（例えば，$\frac{2}{5}$ と 0.4）。しかし，児童の中には，分数と小数を別々に捉えがちな者もいる。分数を小数で表したり，その逆を行ったりすることは，分数，小数についての理解を深める上で大切である。また，分数は，次のように，単位分数の大きさを変えることで，同じ有理数を，形の異なる同値な分数に幾通りにも表すことができるという特徴をもっている。

$$\frac{1}{3} = \frac{1 \times 2}{3 \times 2} = \frac{1 \times 3}{3 \times 3} = \frac{1 \times 4}{3 \times 4} = \cdots$$

こうした側面については，第 4 学年で，簡単な場合について，大きさの等しい分数があることに着目をする。そして，第 5 学年で，異分母の分数の大小の比べ方等について指導し，分数についての理解を深めていく。

(4) **分数の加法・減法**

分数の計算の指導では，分数も，それまでに学んだ整数と同じように計算できることを理解することが大切である。第 3 学年では，整数と同じように計算できるかどうかを考え，同分母の分数の加法・減法について扱う。第 4 学年では，和が 1 より大きい同分母の分数の加法・減法の計算の仕方を理解し，計算ができるようにする。その際，真分数（分子が分母より小さい分数），仮分数（分子と分母が等しいか，分子が分母より大きい分数），帯分数（整数と真分数を合わせた形の分数）の意味と用語についても指導する。

分数の加法・減法では，量の場で，単位分数に着目し，分母（単位分数）をそろえて，その個数を計算することが基本となる。すなわち，分数の加減の計算の仕方は，分子同士の整数の加減の計算に帰着させることができる。例えば，$\frac{2}{8} + \frac{3}{8}$ の計算では，$\frac{1}{8}$ を単位とみなせば，単位分数の 2 個分と 3 個分をたすという整数の加法に帰着される。この考え方は，小数の加法・減法が整数の計算に帰着されたのと同じ考え方である。

第 5 学年では，異分母の分数の加法・減法の計算の仕方を扱う。異分母の分数は，同分母のようにそのままでは計算ができない。両方の分数に共通する分母を用いなくてはならない。つまり，2 つの分数をともに測定することのでき

る新しい単位分数をつくり出す必要が生じる。このような単位分数を求めることが「通分」である。ここでは，1つの分数が形の違う同値な分数に表せることを想起することによって，次のようにして通分を行い，分母をそろえることで，同分母の分数の加法・減法に帰着させることになる。

$$\frac{1}{2}+\frac{1}{3}=\frac{1\times 3}{2\times 3}+\frac{1\times 2}{3\times 2}=\frac{3}{6}+\frac{2}{6}=\frac{5}{6}$$

ここでは，形式的な通分ばかりを急ぐのではなく，児童が，通分することによって，単位分数の個数に着目して考えることが大切である。小数のところでも述べたように，同単位にするという加法・減法の計算の基本となる数学的な考え方を大切にしたい。

[研究問題24-1]
0.75＋0.4の計算では，以下のような誤答が見られる。これらの誤答を解消するための指導について考察しなさい。
　　　　　　　（1）0.79　　　　　　（2）0.079

〈研究の指針〉
（1）は末尾をそろえて筆算をしている誤答，（2）は末尾をそろえて筆算をし，小数点の位置を小数の乗法の筆算形式と混同している誤答である。指導に当たっては，誤った筆算を示して誤りを指摘したり，小数の加法・減法と小数の乗法の筆算の仕方を比較したりする活動が考えられる。その際，数の相対的な大きさを考えることが大切である。また，計算結果を見積もることによって，誤りの防止を指導することも大切である。

[研究問題24-2]
分数の学習の場面において，次の問いに答えなさい。
問1　同分母の分数の加法において，$\frac{3}{5}$Lと$\frac{4}{5}$Lを合わせてできる全体の量を，$\frac{7}{10}$Lと計算した児童がいる。どのような授業展開をしたらよいか。
問2　異分母の分数の大小の比較において，$\frac{2}{3}$と$\frac{3}{4}$を比べる方法を多様

に考えなさい。また，通分をして比べる方法の価値を説明しなさい。

〈研究の指針〉

問1　量分数ではなく，分割分数で考えてしまうことで生じる誤答である。$\frac{7}{10}$L では，全体が 1L ではなく 2L となっていることを，図等を使って児童に説明させるという授業の展開がある。

問2　2つの分数の大きさを図で表して比べたり，1までの余りで比べたり，分子をそろえたりする方法もある。それらに対し分母をそろえる方法は，どちらがどれだけ大きいかまではっきりわかり，一般性ももっている。通分は，分母をそろえる手順が簡潔で，効率的な方法である。

2.5
小数・分数の乗法・除法

25-1 数学的立場からの考察

　数学的には，数は自然数，整数，有理数，実数，複素数などであり，小数及び分数は，それ自体は数ではなく，あくまでも数の表現（有理数を表現したもの）である。したがって，本項では有理数の乗法と除法について説明する。

　まずその準備として，有理数の定義について，整数 Z 上での演算を前提として述べる。$\Gamma = \{(a, b) \mid a, b \in Z, b \neq 0\}$ とし，$(a, b), (c, d) \in \Gamma$ に対し，関係 $\sim$ を $(a, b) \sim (c, d) \Leftrightarrow ad - bc = 0$ によって定めると，これは同値関係（反射律，対称律，推移律）である。このとき，$(a, b) \in \Gamma$ に対し，同値類 $\{(x, y) \in \Gamma \mid (x, y) \sim (a, b)\}$ を $\frac{a}{b}$ と表し，有理数と呼ぶ。この有理数全体の集合を Q と表す。

　このとき，有理数の積 $\times$ を $(a, b) \times (c, d) = (ac, bd)$ によって定義する。これは同値類の代表元の取り方によらず定まる。

　以上の定義を分数表示で述べれば，$\frac{a}{b}$ と $\frac{c}{d}$ の積を $\frac{a}{b} \times \frac{c}{d} = \frac{ac}{bd}$ と定義していることに他ならない。

　有理数の積については次の性質が成り立つ。

(0) 有理数の集合は積に関して閉じている。すなわち，$\frac{a}{b} \times \frac{c}{d}$ の結果である $\frac{ac}{bd}$ もまた有理数である。

(1) 結合法則：$\frac{a}{b} \times (\frac{c}{d} \times \frac{e}{f}) = (\frac{a}{b} \times \frac{c}{d}) \times \frac{e}{f}$

(2) 単位元の存在：$e = \frac{1}{1}$ は，どの $\frac{a}{b}$ に対しても $\frac{a}{b} \times e = e \times \frac{a}{b} = \frac{a}{b}$ となる。

(3) 逆元の存在：どの $\frac{a}{b}$ についても（ただし $a \neq 0$），$\frac{a}{b} \times x = x \times \frac{a}{b} = e$ となる $x \in Q$ が存在する（$x = \frac{b}{a}$）。

(4) 交換法則：$\frac{a}{b} \times \frac{c}{d} = \frac{c}{d} \times \frac{a}{b}$

　(0)〜(3) は有理数が $\frac{0}{b}(=0)$ を除いて積に関して群であることを意味しており，さらに (4) も合わせれば可換群であることを示している。これらに加

えて，有理数は和に関して可換群であり，和と積の間に分配法則が成り立つことから，有理数は体をなす。

有理数の商は，積の逆元をかけること，すなわち $(a, b) \div (c, d) = (a, b) \times (d, c) = (ad, bc)$ で定める（ただし $c \neq 0$）。これは分数表示すれば $\frac{a}{b} \div \frac{c}{d} = \frac{a}{b} \times \frac{d}{c} = \frac{ad}{bc}$ と表される。また，$\frac{a}{b} \div \frac{c}{d} = \frac{e}{f}$ の $\frac{e}{f}$ を求めることは，$\frac{a}{b} = \frac{c}{d} \times \frac{e}{f} = \frac{e}{f} \times \frac{c}{d}$ となるような $\frac{e}{f}$ を求めることと同じ意味である。以上のことから，商は積の逆演算であるといわれる。有理数の集合は商についても閉じている。

25-2 指導の立場からの考察

(1) 小数や分数の乗法：乗法の意味の拡張

乗法は第2学年から扱われ，まず加法を基にした「同数累加」によって意味づけられる。これは，例えば2×3を2+2+2としているように，乗数が整数の場合しか使えない。小数や分数の乗法の場合，同数累加の考えで乗法を意味づけることは難しい（本節で小数や分数の乗法（除法）といった場合，それは乗数（除数）が小数や分数の場合を意味する）。

多くの教科書は，整数についての乗法が用いられる場面で「言葉の式」を立て，それを拠り所として小数の乗法の立式を行っている。ここでは，整数について成り立つ言葉の式は，問題構造が同じならば，数値が小数や分数になっても成り立つこと，すなわち形式不易の原理が前提とされている。しかし，一般に，ある範囲で成り立つことが，それよりも広い範囲で成り立つとは限らない。そのため，小数や分数の場合でも乗法を考えることができるよう，乗法の意味を拡張する必要がある。

数直線を利用すると，整数の乗法は次のように表すことができる。

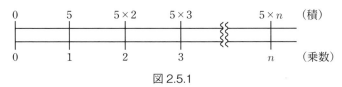

図 2.5.1

これは，被乗数を5としたとき，その2倍，3倍に当たる大きさを示してい

る。5を基準量として数直線に目盛りを付け、その目盛りの2，3に対応する値が5×2，5×3となっている。整数の乗法がこのように数直線で表現できるのは、積と乗数が比例しているからである。

この数直線において乗数が小数や分数の場合も同様に表してみる。

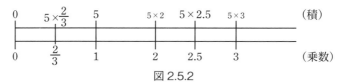

図2.5.2

このとき、5×2.5は「5を1としたとき、2.5に当たる大きさ」を、$5 \times \frac{2}{3}$は「5を1としたとき、$\frac{2}{3}$に当たる大きさ」を表している。このことから、積が乗数に比例している場合、乗法$a \times b = c$の意味を「aを1としたとき、bに当たる大きさ（c）を求める」として捉える。このように、乗法とは割合に当たる大きさを求める計算であると意味づけることで、整数の乗法との整合性を保ちながら、乗数が整数でも小数や分数でも乗法を同じ意味で捉えることができる。

このように乗法の意味を拡張することは、中島（1982）の述べる「拡張による統合」に該当する。統合的な考察は、平成29年告示の学習指導要領において算数・数学科の目標の中で言及されているように、数学的な考え方として重要なものである。

乗法の意味を拡張すると、乗数が1より小さい場合、積は被乗数よりも小さくなり、そのことに戸惑う児童が出てくる。その場合も、数直線によって、その困難性を解消することができる。すなわち、下記の数直線から、$b < 1$のときは、積xと被乗数aは$x < a$の関係にあることを理解することができる。

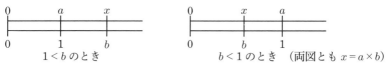

図2.5.3

(2) 小数や分数の除法：除法の意味の拡張

乗法を $a \times b = c$〔(基準量)×(割合)=(比較量)〕としたとき，除法の意味には2つの場合がある。

① $c \div a = b$：割合を求める。
② $c \div b = a$：基準量を求める。

①は割合を求める場合であり，整数の除法では「包含除」と呼ばれている。例えば，「12mのリボンは4mのリボンの何倍か」というとき，$12 \div 4 = 3$ となる。ここでは，12mは4mの3つ分なので3倍に当たると考えている。このように，b が整数の場合は，「倍」の意味を「幾つ分」として捉えている。

b が小数の場合は小数倍となる。小数倍の意味は，整数÷整数＝小数のときの商の解釈が重要になってくる。例えば，「12mのリボンは5mのリボンの何倍か」という問いに対して，b が整数の場合と同様に考えると，$12 \div 5$ という式が立てられ，その商は2.4となる。この商2.4について「5を1としたときの2.4に当たる大きさが12である」と解釈する。これが小数倍の意味であり，b が整数の場合も含めて整合的な解釈となっている。小数倍は小数の乗法とも関連し，乗法の意味の拡張につながっている。

そこで，$c \div a = b$ の意味を「a を1としたとき，c となる大きさ (x) を求める」とする。そうすると，この除法は整数だけでなく小数や分数の場合にも通用することになる。数直線を使えば数の関係は次のように表される。

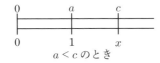 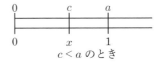

$a<c$ のとき　　　　$c<a$ のとき

図 2.5.4

いずれの場合も乗法で立式して，その逆算として除法に表すことができる。すなわち，$a \times x = c$ より，$c \div a = x$ となる。

②は基準量を求める場合であり，整数の除法では「等分除」と呼ばれている。b が小数や分数のときは，「等分」の意味をどのように解釈するかが問題になる。例えば，3等分では，3つに等分したときの1つ分の大きさを求めて

いる。そこで，$c \div b = a$ の意味を，「1 に当たる大きさ（基準にする大きさ）を求めること」として捉え直す。それにより，整数だけでなく小数や分数の場合にも除法を適用することができるようになる。この場合も数直線を使うと次のように表すことができる。

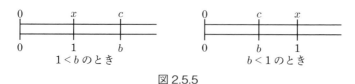

図 2.5.5

いずれの場合も乗法で立式して，その逆算として除法に表すことができる。すなわち，$x \times b = c$ より，$c \div b = x$ となる。

(3) 小数の乗法及び除法の計算

小数の乗法の計算の仕方については，具体的な場面を拠り所としながら，既習事項である整数の乗法と除法に結びつけて考える。例えば，「1m の値段が 80 円のリボンがあります。このリボン 2.3m の値段はいくらですか」という問題に対して，80×2.3 と立式したとする。この式の計算の仕方について，次の 2 通りが考えられる。

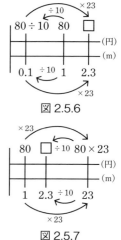

計算の仕方①：

0.1m の代金は 1m の代金の $\frac{1}{10}$ だから，$80 \div 10$

2.3m の代金は 0.1m の代金の 23 倍だから，

$$(80 \div 10) \times 23$$

よって，$80 \times 2.3 = (80 \div 10) \times 23 = 8 \times 23 = 184$ （円）

図 2.5.6

計算の仕方②：

23m の代金は 1m の代金の 23 倍だから，80×23

2.3m の代金は 23m の代金の $\frac{1}{10}$ 倍だから，

$$(80 \times 23) \div 10$$

図 2.5.7

よって，$80 \times 2.3 = (80 \times 23) \div 10 = 1840 \div 10 = 184$（円）

計算の仕方①，②は，リボンの長さと代金が比例することを前提として，それぞれまず 0.1m と 23m の代金を求めている。いずれの方法にも共通してあるアイディアは，問題解決の基本的な考え方である。すなわち，初めて直面した問題（小数の乗法の計算の仕方）を，既習事項（整数の乗法及び除法）に帰着させて解決している。

このように，計算の仕方を，式だけでなく，言葉や図など様々な表現様式を用いて説明することは，数学的な考え方を育成することにつながる。実際，平成 29 年告示の学習指導要領では，数学的な考え方が「目的に応じて数，式，図，表，グラフ等を活用し，根拠を基に筋道を立てて考え（後略）」（文部科学省，2018，p.23）と規定されている。

こうした具体的な場面を基にした計算の仕方を，乗法の性質と結びつけることも大切である。例えば，整数の乗法に関して，「乗数が 2 倍，3 倍，…になれば，積も 2 倍，3 倍，…になる」という性質を学習する。この性質は，計算の仕方②で $80 \times 2.3 = (80 \times 23) \div 10$ としている部分と対応している。すなわち，小数の乗法でも乗数が 10 倍になれば積も 10 倍になるとし，いったん乗数を 10 倍して整数の乗法に結びつけた後，その積を 10 で割っているとみることができる。こうした見方は，後に小数の乗法の筆算について学習する際の基盤となる。

小数の除法も基本的には乗法の場合と同様であり，具体的な場面で数学的な考え方を働かせながら整数の乗法と除法に帰着させて考える。例えば，「2.4m の値段が 96 円のリボンがあります。このリボン 1m の値段はいくらですか」という問題に対して，$96 \div 2.4$ と立式したとする。この式の計算の仕方として次のものが考えられる。

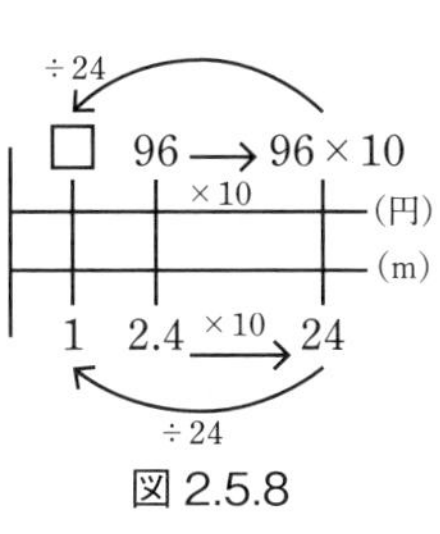

24m の代金は 2.4m の 10 倍だから，96×10

図 2.5.8

だから，1m の値段は，
(96×10)÷24 = 960÷24
　　　　　= 40（円）

　ここでも除法の性質との関連を考えることが重要である。整数の除法に関して，「被除数と除数に同じ数をかけても，同じ数で割っても，商は変わらない」という性質を学習する。一方，上記の計算の仕方で (96×10)÷24 と表している部分は，96÷2.4 = (96×10)÷(2.4×10) と式を変形しているとみることができる。このような見方によって，整数の除法で学習した除法の性質を，小数の除法の場合にも結びつけることができる。

　この除法の性質については，10倍，100倍だけでなく，n 倍（整数倍）も扱いたい。上述のリボンの問題でいえば，整数の除法に帰着させるための別の方法として，リボン12mの値段をまず求めることが考えられる。この考え方は 96÷2.4 = (96×5)÷(2.4×5) = 480÷12 と表すことができ，被除数，除数をともに5倍する方法と結びつけられる。このように除法の性質を一般の場合で扱うことは，次の学年で分数の除法について学習するための素地を形成することにつながる。

(4) **分数の乗法及び除法の計算**

　分数の乗法では，計算の仕方を形式的に覚えるのではなく，なぜそのように計算してよいのかという計算の仕方の根拠を児童が意識できるようにすることが大切である。スケンプは手続きの理解として用具的理解と関係的理解の二つを挙げている。例えば，分数の除法に関して，「除数の分子と分母をひっくり返してかける」という手続きがある。用具的理解は，なぜこの手続きが成り立つのかという根拠はわからないが，とりあえずこの手続きを適用して正しい答えは出せる状態を指す。一方，関係的理解とは，そうした根拠も捉えた上で手続きを適用して正しい答えを出せる状態である。比喩的に述べれば，用具的理解は「できる」を，関係的理解は「できるし，わかる」を指す。関係的理解の状態に多くの児童が達することを目指したい。

第 2 章 数と計算

　分数の乗法についても，これまでと同様に，具体的な場面で数学的な考え方を働かせながら考える。例えば，「1dL で板を $\frac{4}{5}$m² ぬれるペンキがあります。このペンキ $\frac{2}{3}$dL では板を何 m² ぬれますか」という問題に対して，$\frac{4}{5} \times \frac{2}{3}$ と立式したとする。面積図を使った場合，この式の計算の仕方は次のように説明することができる（ここでは分数×整数及び分数÷整数は既習とする。分数÷整数については後で述べる）。

ペンキ $\frac{1}{3}$dL でぬれる面積は，$\frac{4}{5} \div 3$
ペンキ $\frac{2}{3}$dL でぬれる面積は，この面積の 2 倍だから，

$$\frac{4}{5} \times \frac{2}{3} = \left(\frac{4}{5} \div 3\right) \times 2$$
$$= \frac{4}{5 \times 3} \times 2$$
$$= \frac{4 \times 2}{5 \times 3}$$
$$= \frac{8}{15}$$

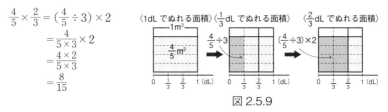

図 2.5.9

　この計算の過程を振り返れば，$\frac{4}{5} \times \frac{2}{3} = \frac{4 \times 2}{5 \times 3}$ となっており，このことから，分数の乗法では分母同士，分子同士をかければよいことがわかる。

　除法については，まず分数÷整数の場合は，整数を分母にかけることになる。この根拠は同値分数の考えから導くことができる。例えば，$\frac{4}{5} \div 2$ では，分数の意味及び整数の除法の意味（等分除）から，分子を整数で割るという方法が考えられ，$\frac{4}{5} \div 2 = \frac{4 \div 2}{5} = \frac{2}{5}$ となる。しかし，$\frac{4}{5} \div 3$ では，分子を除数で割り切ることができない。そこで，被除数 $\frac{4}{5}$ の同値分数の中から分子が 3 で割り切れるものを見つけることを考える。$\frac{4}{5} = \frac{8}{10} = \frac{12}{15} = \cdots$ の中では，$\frac{12}{15}$ が分子を 3 で割り切ることができ，$\frac{4}{5} \div 3 = \frac{12}{15} \div 3 = \frac{12 \div 3}{15} = \frac{4}{15}$ となる。この計算の過程を丁寧に見ると，次のように見直すことができる。

$$\frac{4}{5} \div 3 = \frac{4 \times 3}{5 \times 3} \div 3 = \frac{4 \times 3 \div 3}{5 \times 3} = \frac{4}{5 \times 3} = \frac{4}{15}$$

　このことから，分数÷整数の計算の仕方として，分母に整数をかけるという

方法を導くことができる。なぜ分母に整数をかけるのかという根拠は，面積図などを用いるだけでなく，こうした同値分数の考えからも扱いたい。

次に分数÷分数の場合，まず面積図を使って計算の仕方を考えることができる。例えば，「$\frac{3}{4}$dL のペンキで板を $\frac{2}{5}$m² ぬれました。このペンキ 1dL では板を何 m² ぬれますか」という問題に対して，$\frac{2}{5} \div \frac{3}{4}$ と立式したとする。この式の計算の仕方は次のように説明することができる。

ペンキ $\frac{1}{4}$dL でぬれる面積は，$\frac{2}{5} \div 3$

ペンキ 1dL でぬれる面積は，この面積の 4 倍だから，

$$\frac{2}{5} \div \frac{3}{4} = \left(\frac{2}{5} \div 3\right) \times 4$$
$$= \frac{2}{5 \times 3} \times 4$$
$$= \frac{2 \times 4}{5 \times 3}$$
$$= \frac{8}{15}$$

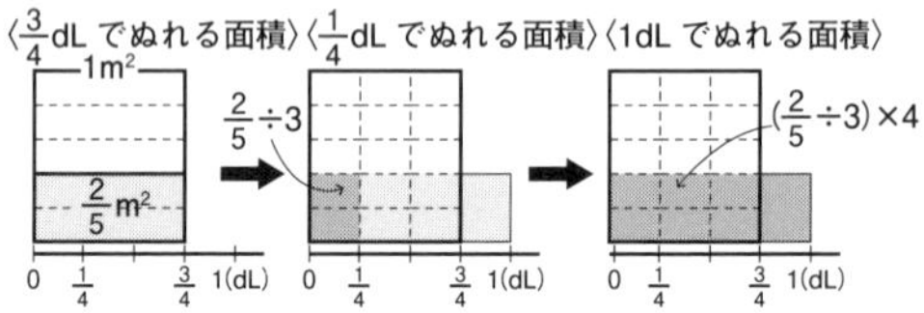

図 2.5.10

分数の乗法の場合と同様にこの計算の過程を振り返れば，$\frac{2}{5} \div \frac{3}{4} = \frac{2 \times 4}{5 \times 3}$ となっていることから，分数の除法では除数の分子と分母を入れかえてかければよいことがわかる。

他には，除法についての「被除数と除数に同じ数をかけても，同じ数で割っても，商は変わらない」という性質が分数の除法でも成り立つとし，分数の除法を既習の計算に帰着させる方法がある。例えば，$\frac{2}{5} \div \frac{3}{4}$ の場合，除数を整数にするために，被除数と除数の両方に 4 をかける。

$$\frac{2}{5} \div \frac{3}{4} = \left(\frac{2}{5} \times 4\right) \div \left(\frac{3}{4} \times 4\right) = \frac{2 \times 4}{5} \div 3 = \frac{2 \times 4}{5 \times 3}$$

一方で，除数を一般に整数ではなく 1 にすればより簡単になるとの着想から，被除数と除数の両方に，除数の逆数である $\frac{4}{3}$ をかけることも考えられる。

$$\frac{2}{5} \div \frac{3}{4} = \left(\frac{2}{5} \times \frac{4}{3}\right) \div \left(\frac{3}{4} \times \frac{4}{3}\right) = \left(\frac{2}{5} \times \frac{4}{3}\right) \div 1 = \frac{2}{5} \times \frac{4}{3}$$

いずれの方法も，式変形の結果を整理すると，除数の逆数をかけるという方法になる。このように既習事項と結びつけて分数の除法の計算方法を導くことが大切である。

[研究問題 25-1]

問1 「水そうに，$\frac{2}{3}$分間に$\frac{5}{6}$Lの割合で水を入れています。同じ割合で水を入れていくと，1分間では何Lの水が入りますか」という問題で，$\frac{5}{6} \div \frac{2}{3}$と立式できるようにするためには，どのような指導を行えばよいか。指導の方法を具体的に述べなさい。

問2 2.5÷0.7の計算について，25÷7を行い，商を3とした後，余りを0.4ではなく4とする児童がいる。この誤答の原因と，それを解消するための指導を述べなさい。

問3 $\frac{9}{20} \div \frac{3}{5}$を分母同士，分子同士で割って，$\frac{9}{20} \div \frac{3}{5} = \frac{3}{4}$とした児童がいたとする。この考えが一般に成り立つかどうか説明しなさい。

〈研究の指針〉

問1では，問題の数値を数直線に表すことによって，互いの数量関係を明らかにすることができる。数直線は次のようになる。

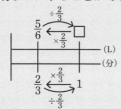

時間が$\frac{2}{3}$倍になったので，水のかさも$\frac{2}{3}$倍になる。このことから，□を求めるには，数直線で表されているように，$\frac{5}{6} \div \frac{2}{3}$と立式すればよいことがわかる。

□を用いて乗法を立式することも考えられる。すなわち，水のかさが$\frac{2}{3}$倍になることから，$□ \times \frac{2}{3} = \frac{5}{6}$となる。この式から，□を求めるためには除法の式$\frac{5}{6} \div \frac{2}{3}$を立てればよいことがわかる。

その他の方法として，問題文で用いられている数値を簡単な整数に置き換えて問題構造を把握し，そこから立式する方法も考えられる。

　問2の誤答は，小数の除法で見られる余りの大きさに関するものである。これは，筆算を形式的に行い，商や余りの大きさに着目しないことが原因である。検算の習慣をつけることに加えて，除数と余りの大きさの関係（余りは除数よりも小さい）に基づいて，児童がこの誤答に自ら気づけるようにすることが大切である。さらに，2.5mのリボンを0.7mずつ切って配るなど具体的な場面を設定し，包含除（2.5の中に0.7がいくつあるか）の観点から余りについて検討できるようにすることも考えられる。

　問3で挙げた考えは，分数の乗法が分母同士，分子同士をかけることから出てくる自然な発想である。この方法は，例えば $\frac{3}{5} \div \frac{2}{3}$ のような数値では使えないと考える児童が出てくる。この数値では分母同士，分子同士を割っても整数にはならないため，この方法は一般的ではないように思える。

　しかし，分数には，同じ大きさの数をいろいろな形で表現することができるという特徴がある。そこで，被除数の同値分数を考えることで，この方法はどのような数値でも可能であり，一般性があることに気づけるようにしたい。

　$\frac{3}{5} \div \frac{2}{3}$ の場合，被除数の $\frac{3}{5}$ を $\frac{18}{30}$ にすれば，$\frac{3}{5} \div \frac{2}{3} = \frac{18}{30} \div \frac{2}{3} = \frac{18 \div 2}{30 \div 3} = \frac{9}{10}$ と分母同士，分子同士を割ることができる。この式変形の過程を丁寧に見ていけば，除数の逆数をかける方法と結びつけることができ，それによって分母同士，分子同士を割る方法の妥当性も示すことができる。

〈参考文献〉

中島健三（1982）『算数・数学教育と数学的な考え方：その進展のための考察（第二版）』，金子書房（2015年に東洋館出版社から復刻版が出版）．

文部科学省（2018）『小学校学習指導要領（平成29年告示）解説 算数編』，日本文教出版．

2.6
整数・有理数・実数と計算

26-1 数学的立場からの考察

(1) **数とは何かを改めて考え直してみる**

　我々は，数については，小学校からずっと学び，親しんできた。整数も小数も分数も使ってきた。小数と分数では表し方も計算方法も違う。数としては同じなのか？　違うのか？　そういう議論をする上で，そもそも数とは何なのか？　戸惑ってしまうのが実情ではないだろうか。いわゆる数として，高校までに登場するのは，自然数，整数，有理数，実数そして複素数である。算数で扱うのは有理数までだが，我々としては少なくとも実数までを理解しておくべきだろう。ここでは，これらの特徴について明らかにしてきたい。

(2) **自然数の集合の特徴**

　数学的には，自然数の集合 N はペアノの公理を基に構成される。出発点があるのが自然数の特徴だが，その出発点として，0 から始まるのか，1 から始まるのか。学校数学では，N = {1, 2, 3, 4, 5, …} と，自然数は 1 から始まるが，大学の数学では 自然数に 0 を入れることも多い（小学校では 0 と自然数からなる集合を整数と呼ぶ）。

　すべての自然数の間には大小関係があり（線形順序構造），どの自然数にも「次の数」があるが，次の数との間に別の自然数はない（離散的位相構造）。代数的には，加法と乗法について閉じていて，交換法則，結合法則，分配法則が成り立つが，減法，除法については閉じていない。例えば，2-3 も 2÷3 も自然数の中にはない。

(3) **整数の集合の特徴**

　中学校以降では，負の数まで拡張したものを整数と呼ぶ。大学の数学では自然数の集合の拡張として位置づけるものは整数全体の集合 Z である。

　Z = {…, -3, -2, -1, 0, 1, 2, 3, …}

自然数の場合と同様に，どの整数にも大小関係があり，「次の数」がある。自然数では「一番小さな数」があったが，整数ではどの数にも必ず「一つ前の数」があり，「一番小さな数」はない。

　自然数同様に加法，乗法に閉じていて3つの法則が成り立つのに加えて，2 − 3 = −1 が整数であるように，減法についても閉じている。ただし，加法と減法は異なる演算というよりも逆演算であって，整数においてはすべての要素に関して加法の逆元が必ず存在しているという見方ができる。

(4) **正の有理数全体の集合**

　小学校では，自然数に加えて分数や小数が登場する。負の数は中学校にゆだねられるため，分数や小数は正の有理数として捉えることができる。正の有理数全体の集合は，減法については閉じていないが，除法について閉じている。自然数を拡張する際に，正の有理数全体の集合は，整数と同等のもう一つの選択肢である。なお，乗法と除法は逆演算なので，正の有理数全体の集合では乗法の逆元が必ず存在しているという見方ができる。

(5) **有理数全体の集合**

　整数の集合を，除法について閉じたものに拡張する場合でも，正の有理数の集合を減法について閉じたものに拡張する場合でも，次に到達するのが，有理数全体の集合 Q である。有理数全体の集合は，（0での除法を除いて）四則演算を自由に行えるという意味で，算数にとっての一つの到達点といえる。どの有理数にも大小関係はあるが，「次の数」はない。異なる2つの有理数の間に，無限個の有理数がある。この位相的な性質を，稠密性という。そのため，数直線の上に数を並べてみると，自然数や整数の場合には，飛び飛びに石を並べるように離散的になるのに対して，有理数はほぼ隙間なく並んでいることになる。

(6) **実数全体の集合**

　「ほぼ隙間なく」という表現をしたのは，実は隙間があるからだ。$x^2 = 2$ となる x は，一辺の長さが1の正方形の対角線の長さとして数直線上にも作図することができるのに，有理数ではない。また，小学校でも登場する円周率

（π）も有理数ではない。この$\sqrt{2}$やπのような無理数は，中学校で本格的に学ぶことになる（有理数から実数への拡張は，「隙間なく」ということを数学的に表現した，連続性あるいは完備性によって行われる）。

小学校で扱う分数や小数は，どう位置づけられるのだろうか。

まず，分数に関しては，当然（正の）有理数である。

小数に関して，例えば，0.123 について考えてみると，

$$0.123 = \frac{123}{1000}$$

と分数で表すことができるように，有限小数は小数点以下の桁に合わせた 10 のべき乗を分母とするような分数として表すことができるので，有理数である。逆に，分数は小数としてどう表されるのだろうか。

$\frac{1}{2} = 0.5$, $\frac{1}{3} = 0.333\cdots$, $\frac{1}{4} = 0.25$, $\frac{1}{5} = 0.2$, $\frac{1}{6} = 0.166\cdots$
$\frac{1}{7} = 0.142857142857\cdots$, $\frac{1}{8} = 0.125$, $\frac{1}{9} = 0.111\cdots$, $\frac{1}{10} = 0.1$

このように，分母が 2 と 5 だけの倍数になっているときは有限小数となり，そうでないときには無限小数になる。ただし，整数を分母で割ったときの余りは有限個しかないことから，無限小数になる場合は循環小数になる。

ここで登場する無限小数とは何であろうか。例えば，0.333… とは何であろうか。大学の数学では次のように，有理数の数列として理解される。

$a_1 = 0.3$, $a_2 = 0.33$, $a_3 = 0.333$, …, $a_n = 0.333\cdots 333$（小数的以下 n 桁まで），…。上の場合，a_n の極限は，$\frac{1}{3}$ つまり有理数になる。しかし，一般に，有理数の数列の極限は有理数の中に収まるとは限らない。それが先ほど述べた「隙間」である。そのような隙間をなくしたもの，つまり，このような数列（このような数列は，コーシー列という性質を満たす）が必ず収束するような数の世界としてつくられているものが，実数である。

このような意味において，無限小数は実数そのものを表す概念でもある。算数の中で，無限小数が直接現れるわけではないが，このような背景があることは理解しておく方がよいだろう。

(7)数学的な意味での数の世界の構築方法

　小中学校での数の拡張は，自然数，正の有理数，有理数，実数という段階を踏まえて行われていく。加法・乗法について閉じていた自然数という世界から，除法，減法も自由に行える世界に拡張されていく（大学での数学では，自然数，整数，有理数，実数という順番で，加法・乗法について閉じていた世界から，減法，除法も行えるように拡張し，最後に連続性を追加する）。

　そのような拡張を数学的に行っていくときに，数学的にはどんな方法を使って拡張していくのかも，理解しておいてほしい。例えば，「$\frac{1}{2}$ と $\frac{2}{4}$ は等しい」ということを，あなたは数学的に説明することができるだろうか。「2つに分けたリンゴを1切れと，4つに分けたリンゴを2切れだったら同じ量だから等しい」という説明をされるかもしれないが，それは分数の一つの側面としての量分数として説明していることになる。子供が納得するかどうかとは違った意味で，数学的にはどうやって $\frac{1}{2}$ や $\frac{2}{4}$ を構成し，しかも $\frac{1}{2}=\frac{2}{4}$ になるようにしているのか。それは大雑把には，下記の表記で表されるのだが，その意図と方法を理解できるだろうか。

$$\frac{1}{2}=\{(1,2),\ (2,4),\ (3,6),\ (4,8),\ \cdots\}$$
$$\frac{2}{4}=\{(1,2),\ (2,4),\ (3,6),\ (4,8),\ \cdots\}$$

　有理数としての $\frac{1}{2}$ は，まず，分子1・分母2という2つの数の（順序のある）組み合わせによって表現されている。そのため，まず順序対 (n, m) の集合として，整数と整数の直積集合として構成される。しかし，それだけでは分子と分母の両方が等しい場合でないと等しくならないので，$\frac{1}{2}=\frac{2}{4}$ にはならない。そのため，それらを等しくするための同値関係をつくり，その同値関係によって等しいものを集めた集合（同値類）として，有理数を構成する。すると，$\frac{1}{2}$ は $\frac{1}{2}$ と等しい数の集合，$\frac{2}{4}$ は $\frac{2}{4}$ と等しい数の集合となり，集合として，この2つは一致するために，$\frac{1}{2}=\frac{2}{4}$ といえる。

26-2 指導の立場からの考察

(1) 整数・小数・分数の相互関係

　小学校における「数と計算」領域の指導のねらいは，整数，小数，分数の概念や表記，四則の意味と計算の仕方について理解できるようにし，それらの計算を活用できるようにするとともに，数についての豊かな感覚を育てることである。小数，分数は，低学年から実際的な必要に基づいて別々に導入され，計算の仕方についても別々に指導されるため，整数と分数，小数と分数は別のものだと考えている子供が多い。整数，小数，分数の関係を理解する上で重要なことは，整数や小数についてはそれに対応する分数を必ずつくることができるということである。小学校では無限小数は扱わないが，必要に応じて桁数を多くとれば，小数で十分に近似できる。このことから，同じ数を表現するにも，目的に応じて分数の形でもよいし，小数の形でもよいことがわかる。つまり，分数と小数は，同じ数の2つの表現形式なのである。

(2) 数の計算

　小学校の整数の範囲での加減乗除の計算とは，十進位取り記数法で表された2つの整数にある操作を行い，その結果（和，差，積，商）を十進位取り記数法で表すことである。和・積は必ず得られるが，差・商は整数の範囲に存在するとは限らない。その壁は，上記の数の拡張によって乗り越えられていく。一方，この壁は不便さだけでなく，算数の世界の中では別の副産物も生んでいる。差は大きい方から小さい方をひかないと計算できないため，「増加」に対して「減少」があるように，対になる概念を使うことによって（負の数を使わなくても）それを乗り越えることができる。商が整数の範囲に存在しない場合には，目的に応じて余りを求めたり，さらに割り進んで小数にすることもできる。

　また，整数，小数，分数の混じった計算は，すべてを分数にするか，必要に応じて分数を（有限）小数に直すなどの方法で，一緒にして計算できる。そして，計算の仕方の意味を考えたり，能率的な計算を工夫したりすることを分析

してみると，それらはみな共通の計算法則に従っていることに気づく。

このように，整数，小数，分数が同じ数の仲間であることを実感する上でも，数の計算は有効に生かしていきたいし，逆に数の計算は単なる計算技能としてだけでなく，数の性質を実感するための素材として生かしていきたい。

(3) **数のモデルとしての数直線**

分数も小数も，単位量よりも小さい数を表すものとして導入されるのが普通であるが，$\frac{2}{3}$L，1.5L などといった量を表すものとしてのレベルにとどまらず，数としての分数，小数に高めることを考えなければならない。

その手立ての一つに数直線がある。一点 O を端点とする半直線をつくり，目的に応じて単位の長さを適当に定め，点 P から等間隔に区切り，点 P に 0 を，そして各分点に 1, 2, 3, …と順に目盛ることによって，整数が数直線上の点として表される。この各分点間を 10 等分，100 等分，…と細分することによって，同じ数直線上の点に小数を対応させることができる。また，$\frac{a}{b}$ という分数については，O と a に対応する目盛りの間を b 等分した最初の分点を対応させることによって，分数も同じ数直線上の点によって表現することができる。

数のモデルとしての数直線は，無理数も含めて実数のモデルになるほか，それを 2 本組み合わせることによって構成される複素数平面にもつながっている。

(4) **数の用い方**

数の用い方には，主に次のような場合がある。

1. 集合の個数を表す――――――何個あるか。
2. 順序を表す――――――――何番目か。
3. 分類整理したものを表す――電話番号など。
4. 位置を表す―――――――直線，平面上での位置など。
5. 測定数を表す――――――長さを測ったときの大きさなど。
6. 割合を表す――――――――a の b に対する割合 $\left(\frac{a}{b}\right)$ など。

[研究問題 26-1]

学年を追って順に整数，小数，分数を導入して，理解を深め，技能を高めるように，いろいろな内容での指導が積み重ねられている。指導の具体例を示し，検討しなさい。

〈研究の指針〉

次のそれぞれについて，教科書等での事例を調べ検討する。
(1) いろいろな数を同一の数直線の上に目盛ったり，数直線上の点をいろいろな数で表したりする。
(2) 整数，小数，分数の間の相互の相等や大小を調べる。
(3) 小数を分数で表したり，分数を小数で表したりする。
(4) 乗除の計算方法を見いだすのに，小数を分数に，分数を小数に表して考える。
(5) 数直線の上や下に比例目盛りをつけるなどして，乗数や除数その他が整数，小数，分数のいずれであっても，乗法や除法は同じ意味をもった演算であることを理解する。
(6) 整数，小数，分数などが混じった計算は，すべて分数に統一して計算する。

[研究問題 26-2]

数を拡張していく指導はどのように行われているか調べ検討しなさい。

〈研究の指針〉

次のそれぞれについて，教科書等での事例を調べ検討する。
(1) 整数から分数，小数への拡張は，どの学年でどのような素材を使って指導されているか。
(2) 整数，小数，分数の四則の計算の可能性は，どの学年でどのような形で指導されているか。
(3) このような指導は，中学校の数学とどう結びついているか。

[研究問題 26-3]
　それぞれの数の用い方の例と，そこで使われる数の種類を考えなさい。
〈研究の指針〉
(1) 整数固有の使い方はどれか。
(2) 小数，分数が使われる例はどれか。また，分数，小数のそれぞれが適切となるのはどんな問題場面か。

[研究問題 26-4]
　大学の数学では，次のことはどう構成されているのか，扱われているのかについて考えなさい。
(1) 自然数の集合を基に，整数の集合はどのように構成されるのか。
(2) 有理数の集合と自然数の集合の間の1対1対応をどう構成するのか。（有理数の集合は，可付番集合である）
(3) 実数の集合と自然数の集合の間の1対1対応をつくることができないことを，どう証明するのか（同じ無限でも，実数の無限の方がずっと大きいことを示す）。
(4) $0.999\cdots = 1$ であることをどう理解するか。

2.7
式の表現と意味

27-1　数学的立場からの考察

(1)式の構成

　数学は，関係について考究する学問である。それゆえ，算数・数学の学習では，事象における数量間の関係を的確に捉え，その関係を表現し，考察することが重要な活動となる。その際，表現方法として式が用いられることが多い。式は，事象間の関係を的確に，また簡潔かつ一般的に表現できるからである。こうした機能をもつ式は，以下に示す記号を用いて表現される。

個体記号：個体記号とは，考察の対象となる事物を表す記号で，0, 1, 2, …などの数字，数量を表す○，△や $a, b, c, …, x, y, z, …$ などの文字，点 A, B, C, 直線 AB, △ABC などの図形を表す文字がこれに属する。

操作記号：操作記号とは，対象に施す操作を表す記号で，$+, -, \times, \div$ など演算を表すもの（二項演算に関するもの），$\sqrt{}$, 2乗, log, sin など演算を表すもの（一項演算に関するもの），$\cup, \cap$ など集合の演算を表すもの，一括する（　），{　} などがこれに属する。

関係記号：関係記号とは，対象間の関係を表す記号で，相等関係 $=$，大小関係 $<, >$，集合の従属関係 $\in$，包含関係 $\subset$，図形の関係を表す $\perp$，$//$ などがこれに属する。

　式は，個体記号と，操作記号や関係記号が組み合わされて表現されたものを意味するが，単独の個体記号も式とみなす場合が多い。

　また，式を書く場合，本来，$(((1)+(2))\times(3))-(4)$ のように，構成順序を示すために，すべての記号に括弧をつけるべきであるが，簡潔性や明瞭性の観点から，誤解がない場合，括弧を省略することにしている。乗除先行の規則は，大幅に括弧を省略するために，設定されたものである。

(2) 式の種類

　数学では，式の中でも文字の式が多用されるが，算数では，文字の式だけでなく，数字の式や，□や○を用いた式も用いられる。そこで，算数において用いられる式の種類について整理する。その際，「数量を表す式」であるか，「関係を表す式」であるかの視点で整理する。

表 2.7.1　式の種類

	数量を表す式	関係を表す式
数字の式	$5-2$	$5-2=3,\ 5-2<4$
言葉の式	（出したお金）−（代金）	（単価）×（個数）=（代金）
□，△を用いた式	$□+△$	$□+3=△$
文字の式	$a+b$	$x\times 3.14=y,\ a\times b=c$

　「数量を表す式」は，フレーズ（句，phrase）型の式と呼ばれ，「関係を表す式」は，センテンス（文，sentence）型の式と呼ばれている。センテンス型の式について，さらに詳細に見てみることにする。

　第1のセンテンス型の式としては，方程式，不等式が挙げられる。例えば，$2x-4=0$，$x^2+2x-3=0$ などは，等式を表しており，それぞれ1次方程式，2次方程式と呼ばれている。ここで使用されている文字に着目してみると，文字 x の意味は「未知数」である。一方，$2x-4<0$，$x^2+2x-3>0$ などは，数量の関係を不等号を用いて表した不等式であり，それぞれ1次不等式，2次不等式と呼ばれている。

　第2のセンテンス型の式としては，関数が挙げられる。例えば，$y=3x$，$y=2x-4$，$f(x)=x^2+2x-3$ などは関数であり，それぞれ比例，1次関数，2次関数と呼ばれている。ここでの文字 x の意味は「変数」である。

　第3のセンテンス型の式としては，公式が挙げられる。例えば，平行四辺形の底辺の長さを a，高さを h，面積をSとするとき，$S=ah$ が該当する。ここでの文字の意味は，「一般数」であるが，この式に含まれる文字 a を「任意定数」とし，h を変数とみれば，これは関数を表していると考えることができる。

そして，第4のセンテンス型の式としては，恒等式が挙げられる。例えば，$a+b=b+a$, $a\times(b\times c)=(a\times b)\times c$ などが該当し，これらの式は，文字の値に無関係に，常に成り立つ関係を表している。用いられている文字の意味は「一般数」である。

(3) 式に関する数学的活動

式に関わる活動には，「式に表す」「式を変形する」「式を読む」がある。この3つの活動を事象や式と関連付けて表現すると，図2.7.1になる。

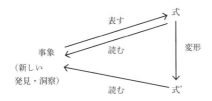

図2.7.1　式利用の図（三輪辰郎，1996, p.2 を参考にして作成）

数学的問題解決では，まず，事象を数学の舞台にのせ，様々な数学的表現に表すことから始まる。その数学的表現の一つとして，式がある。次に，表現された式を数学的原理や法則を用いて変形し，新たな式または数学的結果を導く。そして，新たな式または数学的結果を事象に即して読み，新たな発見や洞察を得る。このように，「式に表す」「式を変形する」「式を読む」活動を繰り返しながら，問題解決を進展させたり，新たな発見や洞察を得ていく。

また，算数の学習では，式を読み，その式に合う問題場面を考えたり，他者が表した式を読み，問題解決者の思考を考えたりといった，図2.7.1における事象と式をつなぐ読む活動も，多様に行われる。

27-2　指導的立場からの考察

(1)「式に表す」「式を読む」活動の具体例

「式に表す」活動と「式を読む」活動とは，どのような活動であるのかを具体的な事象の考察を通して明確にしてみよう。

問題：右の点の数を工夫して求めましょう。そのとき，考え方を図で表すとともに，式で表しましょう。

　この問題の解決では，どのようなまとまりを考え，それをどのように式を用いて表すかが求められている。例えば，図2.7.2を描いた児童の場合，まとまりが10であることを意識し，$10 \times 4 = 40$，$40 + 1 = 41$ あるいは $10 \times 4 + 1 = 41$ という式を表すことになる。前者の式は，分解式と

図2.7.2

呼ばれ，後者の式は総合式と呼ばれている。児童は，一般的に，式を表現する際，分解式で表現する傾向にある。式を計算の結果を求めるための手段としてのみ認識しているからである。そのような認識をもっている児童には，事象の構造を把握しやすいという総合式のよさを感得させることが重要となる。

　授業では，式に表す活動だけでなく，ある子供が式だけを発言し，その式からどのように考えたのかを他者が解釈する活動，すなわち「問題解決における思考過程を読む」活動が行われる。こうした活動は，式を媒介にした数学特有のコミュニケーションの姿である。

　また，式を読む活動では，一般化したり，考えを生み出したりするなど，新しい価値を生み出すことができる。例えば，児童が図2.7.3を描いた場合，式は $5 \times 5 + 4 \times 4$ となるが，この式は，点の数が問題の構造を保ちながら増えた場合でも用いることができる，一般性のある式であると読むことができる。つまり，「式の表す事柄や関係を一般化して読む」ことができる。

図2.7.3

図2.7.4

図2.7.5

図2.7.6

一方，5×5＋4×4に対して，式は同じであるが，異なる考えはないかを考えさせると図2.7.4，図2.7.5の考えが挙げられる。また，図2.7.5の5×5が正方形に並んだ点を表していることから，5×5＋4×4を2つの正方形としてみることができないかと考え，点を移動させて，図2.7.6を導き出すことが考えられる。この考えは，奇数の和は平方数であることの図形的な解釈へとつながっており，式を読むことによって，新たな考えを生み出すことができるのである。式を読む活動では，上記以外にも，例えば5＋3＝8という式から，「すずめが5羽いるところに，3羽来たので，全部で8羽になりました」というように，「式からそれに対応する具体的な場面を読む」ことが行われたり，「式に当てはまる数の範囲を拡張して発展的に読む」ことが行われたりする。また，80×2.4のような式を数直線に対応させながら読むことも行われる。これは，「式をモデルと対応させて読む」ことと言える。

(2) 名数式と無名数式

単位のついた式を名数式と呼び，単位のつかない式を無名数式と呼んでいる。「子供が5人います。3人きました。子供はみんなで何人になりましたか」という問題の式を表現する際，5人＋3人＝8人という名数式で表すのか，5＋3＝8という無名数式で表すのかが問題になる。名数式の方が，具体に即しており，内容をよく表しているので，以前は，次のように具体的な表現から抽象的な表現へ進むように扱われていた。

名数式⇒無名数式⇒□，△を用いた式⇒文字の式

しかし，現在では，抽象化を早める必要性から名数式の段階を省略し，当初から無名数式が指導されている。こうした状況ではあるため，教科書には，名数式が扱われていないが，実際の指導の場において，児童の実態に即し，具体的なイメージをもたせるために，名数式で表現する場合があってもよい。

(3) □や△を用いた式

□を用いた式を最初に学習する機会は，2年生に見いだすことができる。2年生では，加法と減法の相互関係を学習するが，その際，問題場面を図で表したり，□を用いた式で表したりして，数量の関係を捉えることが重要となる。

例えば,「あめが 15 個あります。あめを何個か買ってきたので,32 個になりました。買ってきたあめは何個ですか」という逆思考の問題を解決する際には,図 2.7.7 の図を描いて数量間の関係を捉えるとともに,その図から 15 + □ = 32 という式に表すことができることを学習する。ここでの□は,未知数の意味をもつ。

図 2.7.7

未知数としての□の学習は,3 年生に入って,本格的に学習していく。未知数を既知数と同等に扱って,それを式の中に用いて関係を表現することは,式に対する見方を発展させるものである。

一方,4 年生になると,変数の意味をもつ□や△を学習する。例えば,正方形の一辺の長さを□とし,周りの長さを△としたとき,2 つの数量の関係は,□×4 = △という式で表せることを学習するとともに,□にはいろいろな数が入ること,□が決まれば,△が決まることも学習する。つまり,□は独立変数であり,△は従属変数となる。また,□や△は,四則に関して成り立つ性質を表す際,□ + △ = △ + □のように用いられる。このとき,「同じ記号には,同じ数が入る」という規約があることも,児童に伝えることが必要である。

(4) 文字の式

第 6 学年では,言葉の式,□や△を用いた式の代わりに,文字 a, x などを用いた式を使用し,数量の関係を簡潔かつ一般的に表現できるようにする。文字 a, x は,先に述べたように,「一般数」「未知数」「変数」という意味で用いられている。だが,この意味は,言わば教師の解釈であり,児童生徒の解釈とは必ずしも一致しない。例えば,a を *apple* の省略文字と考え,文字を数ではなく,「物」の意味で捉えている児童生徒がいる。また,文字の異同を考慮せずに,文字には任意の数が当てはまると考える児童生徒と,(一つの式,あるいは一つの文脈のもとでは)違う文字は違う数を表すと考える児童生徒がいることが報告されている。そして,「文字には任意の数が当てはまる」(不特定

性）と考えるレベルから，「同じ文字は同じ数を表す」（特定性）と考えるレベルへの移行は比較的容易であるが，そのレベルから，「違う文字であっても同じ数を表すことがある」（特定性と不特定性の共存）と考えるレベルへの移行は困難であることが明らかにされている（藤井，1992）。

(5) **数字の式に対する配慮**

算数・数学では，提示された問題の答えを求めるだけでなく，その問題の数値が変わった場合でも，いつでも答えを求められるようにしたいと考えている。しかし，答えを求めるときに用いる式は，数字の式であるため，式に表されるとすぐに計算されてしまい，問題の構造が見えなくなり，一般性を志向できなくなってしまう。例えば，上底の長さが3cm，下底の長さが9cm，高さが4cmの台形の面積を求めるときに，その台形の2倍の面積をもつ平行四辺形を考え，面積を求めたとする。そのとき，平行四辺形の底辺の長さは12cm，高さが4cmとなるので，台形の面積を $12 \times 4 \div 2 = 24$ という式に表す児童が多い。面積を求めることはできたが，これでは台形の公式をつくる芽が失われてしまっている。台形の公式をつくるためには，あえて計算せずに，問題で用いられている数を使い続け，$(3+9) \times 4 \div 2 = 24$ という式に表すことが重要となる。このように式に表しておくと，3や9や4に一般性を読み込み，（上底＋下底）×高さ÷2という台形の公式をつくることが可能となる。

[研究問題 27-1]
　式に表すのに，等号や演算記号などの記号が用いられる。算数の学習において，どのような記号が，どの学年のどの単元において指導されるのかについて，その系統を整理しなさい。

〈引用・参考文献〉
藤井斉亮（1992）．児童生徒の文字の理解とミスコンセプションに関するインタビュー調査，日本数学教育学会誌数学教育学論究，58巻, 3-27.
藤井斉亮（1999）．「数字の式」から「文字の式」に至る指導－擬変数について－．新しい算数・数学教育の実践をめざして，東洋館出版社, 153-162.
三輪辰郎（1996）．文字式の指導序説．筑波数学教育研究，15, 1-14.

2.8
見積りと概数・概算

28-1 見積りと概数・概算の指導

(1)見積りの意味

「見積り」とは，狭義には，およその計算をすることであり，「概算」も同様の意味である。なお，「見積る」という場合は，「物事の概略を考え，それに要する費用・人員・時間などを計算して予測する」と「目分量ではかる」という意味がある[1)]。このように，「見積り」とは，広義には，およその数量や個数を求めることである。「概数」とは，およその数のことである。その他にも，およその形である「概形」，およその量（長さ，重さ，広さ，かさ）である「概量」という概念がある。

(2)見積りに関する学習内容

見積りに関する内容は，「A 数と計算」領域では，「②計算の意味と方法について考察すること」，「④数とその計算を日常生活に生かすこと」に含まれる。

各学年の内容は次の表の通りである[5)]。

	計算の意味と方法について考察すること	数とその計算を日常生活に生かすこと
2年	加法及び減法の結果の見積り	
3年	加法，減法及び乗法の結果の見積り	
4年	四則計算の結果の見積り	目的に合った数の処理の仕方の活用

見積りの見方や処理の仕方については，低学年から適宜取り上げて，計算結果の見通しをもつなど，見積りの指導との関連を図り，およその大きさや形を捉えることの素地を培うことが大切である。上記の表にはないが，第1学年で，8+6を10以上になると捉えることも一つの見積りである。10以上になるという見積りを生かして，8+6の計算方法や結果を見出すことが考えられる。

一方，見積りに関する内容は，「A 数と計算」領域だけではない。「B 図形」

領域,「C測定」領域でも扱われる。例えば,「B図形」領域では「第6学年では, 身の回りにある図形の概形とおよその面積など…指導する。」(p.55) とある。また,「C測定」領域では, 例えば,「量を測定させる前に, だいたいどのくらいの大きさになるかを見積ることや, 測定する計器や方法について見通しを持つことで…」(p.59) とある。

さらに, 見積りについては, 指導の全体に渡って配慮することが「2内容の取扱いについての配慮事項」に示されている[5]。

(5)「およその大きさや形を捉え, 適切に判断すること」

(6)「筆算による計算の技能や計算の結果の見積り」

「児童が, 問題を解決する際に, 結果や方法をおおまかに捉えて見通しをもって考えを進めていくこと」と,「児童が, 筆算などの計算をする際には, 目的に応じて計算の結果の見積りをして, 計算の仕方や結果について適切に判断すること」は, 第1学年から第6学年まで一貫した学習内容である。

(3) **見積もりの意義**

日常生活で生じる問題には, 見積りによってしか処理することができないもの[①], 見積りで処理した方が適切であるもの[②]が数多くある[3]。①について, 例えば, 野球観戦に球場を訪れた人の数や駅の乗降客の人数を調べたい場合である。このような場合は, 正確にその値を得るのは困難なので, およその数として処理する方が適している。②について, 例えば, 買い物等のおよその計画を立てたりする場合である。買い物をする場合に, 買おうとしているものの代金の合計が手持ちのお金で間に合うかどうかを知りたいとき, 代金を細かく足すのではなく, 見積りで処理した方が適している。

一方で, 見積りによって, 不必要に多くの桁数による処理を避けたり, 必要な位までの分かりやすい数で捉えたり, 解決の見通しをつけたりすることなどによって, 処理が容易で能率的にしたり, 計算の大きな誤りを防いだりできる。

28-2 概数と四捨五入

(1) 概数と四捨五入の内容及び育成される資質・能力

概数と四捨五入は第4学年で取り扱われる。小学校学習指導要領には，概数と四捨五入の指導内容について次のように書かれている。

> (2) 概数に関わる数学的活動を通して，次の事項を身に付けることができるよう指導する。
> ア 次のような知識及び技能を身に付けること。
> 　(ア) 概数が用いられる場合について知ること。
> 　(イ) 四捨五入について知ること。
> 　(ウ) 目的に応じて四則計算の結果の見積りをすること。
> イ 次のような思考力，判断力，表現力等を身に付けること。
> 　(ア) 日常事象における場面に着目し，目的に合った数の処理の仕方を考えるとともに，それを日常生活に生かすこと。

ここで育成される資質・能力は次の通りである（p.184）。

- 概数の意味を理解し，数を手際よくとらえたり処理したりすることができるようにする。【知識・技能の習得】
- 場面の意味に着目して数の捉え方を考え，目的に応じて概数を用いることができるようにする。【思考力・判断力・表現力の育成】
- 概数を用いると数の大きさが捉えやすくなることや，物事の判断や処理が容易になること，見通しを立てやすくなることなどのよさに気付き，目的に応じて自ら概数で事象を把握しようとする態度を養う。

　　　　　　　　　　　　　　【学びに向かう力・人間性等の涵養】

(2) 概数が用いられる場合

「小学校学習指導要領（平成29年告示）解説算数編」[5] では，概数を用いる場合として，次のようなものが挙げられている（p.184）。

① 野球場の入場者数を約何万何千人と概数で表現して伝えるように，詳しい数値が分かっていても，目的に応じて数を丸めて表記する場合。
② 都市の人口を棒グラフを用いて比較するように，棒の長さなどで数のおよその大きさを表す場合。
③ ある時点での日本の人口のように，真の値を把握することが難しく，概数で代用する場合。

概数を用いるときは，その目的を明確にし，具体的な事実に合わせて，概数の用い方を理解できるようにすることが大切である。

概数は，実際に処理する際には何の位までの概数でよいのかがはっきりしない。そこで，概数を用いる目的に応じて，どの程度の概数を用いたらよいかを判断する経験も大切にしていきたい。

28-3 概数を求める方法：四捨五入，切り上げ，切り捨て

概数を求めるためには，目的に応じて「切り上げ」，「切り捨て」，「四捨五入」などの方法がある。

- 「切り上げ」は，ある位までの概数を求めるとき，その位よりも下の数を，ある位の1とみなして繰り上げる方法である。例えば，13729を千の位までの概数にする場合，「切り上げ」では14000になる。
- 「切り捨て」は，ある位までの概数を求めるとき，その位よりも下の数を，0とみなす方法である。例えば，13729を千の位までの概数にする場合，「切り捨て」では13000になる。
- 「四捨五入」は，ある位までの概数を求めるとき，その位よりも下の数が4以下であれば切り捨て，5以上であれば切り上げる方法である。例えば，13729を千の位までの概数にする場合，「四捨五入」では14000になる。

平成27年度全国学力・学習状況調査で，「四捨五入して概数を求める」問題に対して，切り上げたり，切り捨てたりする児童が20%以上いることが報告されている[4]。「四捨五入」，「切り上げ」，「切り捨て」の用語の意味と処理

の仕方について十分に配慮したい。

28-4　概算をする：四則計算の結果の見積り

　概算とは，桁数の多い数の計算や複雑な計算をするとき，「四捨五入」，「切り上げ」，「切り捨て」で求めた概数を使って結果の近似値を求めることである。概算は，結果の見積りをしたり，計算の仕方を考えたり，計算の確かめをしたりするのに用いられる。概算は，次の3点において大きな意義を持つ[2]。
　① 結果や計算の見通しが立つ
　② 極端な結果の誤りを防ぐ
　③ 詳しい結果を必要としないときに，計算が速く行える
　小学校5年生の「小数のわり算」の次の問題で考えてみよう。

> 生まれて10日目の犬がいます。今の体重は630gです。今の体重は，生まれたときの1.8倍です。生まれたときの体重は何gでしたか。

　今の体重が生まれたときの1.8倍なので，およそ2倍と見積れば，生まれたときの体重はおよそ315gになる。このことから，実際の値はその辺りか，それよりも多くなるだろうと見当が付く。これが①の意義である。
　この授業で多くの児童は，概算をすることなく630÷1.8を筆算して35gや3.5gと極端な結果を求めた。このような計算間違いによる極端な結果の誤りは，概算をしておくことで，防ぐことができる。これが②の意義である。
　最後に，③の意義について，例えば，34980円のデジタルカメラと20350円のプリンタの代金を見積る場合，35000+20000=55000とする方法がこれに該当する。その他にも，61+39+54+45+98+73+33の結果を見積る場合，61と39，54と45のように，およそ100のまとまりをつくる方法もある。

28-5　目的に合った見積り方を考える

　平成27年度全国学力・学習状況調査で，日常生活の事象の解決に，概数や

概算を活用して，目的に応じて合理的かつ能率的に判断できるようにすることが提案されている[4]。つまり，「イ 思考力・判断力・表現力等」に関する「日常事象における場面に着目し，目的に合った数の処理の仕方を考える」ことができるようにすることが大切である。そのためには，どのようなときに，どのような見積り方をしたらよいか判断できるかどうかが鍵である。

例えば，代金が 162 円，280 円，432 円の 3 つの品物を買う場面で，「1000 円で足りるかどうか」について考えるとき，大きく見積って，すなわち「切り上げ」をして，それぞれ 200 円，300 円，500 円と概数にしてから足すと 1000 円になる。大きく見積もって 1000 円なので，1000 円で足りると判断できる。また，「代金の合計が 700 円を越えるかどうか」を考えるときは，値段を小さく見積もる，すなわち「切り捨て」をする。それぞれ 100 円，200 円，400 円とみると，和が 700 円になるので，700 円以上になると判断できる。

このように，ある基準があって，それ以下かどうかを判断するときは「切り上げ」，その基準以上かどうかを判断するときは「切り捨て」がよいことを見出す機会を設けたい。

また，見積もった結果を正しく解釈できるようにするには，「切り上げ」，「切り捨て」，「四捨五入」による【見積りの結果】と【実際の数の和】の大小関係を考察することが大切である。例えば，「① 1891+1982+2903+2473」と「② 1891+1982+2903+2869」について，各方法で概算して，その結果を比べてみる。

		① 1891+1982+2903+2473	② 1891+1982+2903+2869
見積り結果	切り捨て	6000	6000
	四捨五入	9000	10000
	切り上げ	10000	10000
実際の数		9249	9645

表を観察して，「実際の数の和は，いつでも切り捨てた数の和よりも大きく，切り上げた数の和よりも小さくなる」や「実際の数の和は，四捨五入した数の和より大きくなる場合と小さくなる場合がある」，「四捨五入の結果と切り

上げの結果は一致する場合もあるが，四捨五入の結果が切り上げの結果よりも大きくなることはない」などことに気付くことができるようにしたい。

> [研究問題 28-1]
> 　日常生活の中で見積りを用いる具体的な場面を探しなさい。また，その場面を用いて，見積りの学習指導の導入案を考えてみよう。
> 〈研究の指針〉
> 　新聞記事などにも，見積りや概数が用いられている場面が多い。学習においては，見積りのよさを児童が十分に理解できるようにすることが重要である。
>
> [研究問題 28-2]
> 　具体的な問題に基づいて，多様な概算の方法を試し，それぞれの誤差について考えよう。
> 〈研究の指針〉
> 　和，差，積，商，それぞれの場合で，【見積りの結果】と【実際の数】とを比較してみよう。

〈引用及び参考文献〉
1) 新算数教育研究会（1991）．見積りや見通しの力をいかす指導．東洋館出版社．
2) 日本数学教育学会編（2011）．算数教育指導用語辞典第四版．教育出版．
3) 文部省（1989）．小学校指導書算数編．東洋館出版社．
4) 文部科学省・国立教育政策研究所（2015）．平成 27 年度全国学力・学習状況調査報告書【小学校算数】．
5) 文部科学省（2018）．小学校学習指導要領解説算数編．日本文教出版．

第 3 章
図 形

3.1
図形の概念と操作

31-1 数学の立場からの考察

　数学において図形を研究の対象としてきたのは，主に幾何学である。幾何学の歴史は，実生活において図形やその性質を捉える段階，それらの概念や性質を体系化して幾何学を構成する段階，厳密な基礎を与えて実生活に束縛されない幾何学へと再構成する段階によって捉えられる。このような歴史において，図形の概念は異なる捉え方をされてきた。

　実生活において図形やその性質を捉える段階は，古代エジプトにおける土地の測量に代表されるように，面積や体積等の計量が近似的に行われていた時期である。この時期において，図形の概念は，実生活において測量や建築等の技術に利用可能な程度に，具体物の形が抽象化されたものであった。図形の性質や計量が実用的な性格において考察されていた反面，図形に関する様々な知見が整理されないままであった。

　これらの図形の概念や性質を体系化して幾何学を構成する段階は，古代ギリシアにおけるユークリッドの『原論』に代表されるように，図形に関する様々な知見が体系化された時期である。この時期において，幾何学は，身の回りの世界における図形の性質や関係等を整理するために，公理，公準，定義を設定し，これらに基づいて多くの命題を証明によって導き，体系化するものであった。「点とは部分をもたないものである」，「線とは幅のない長さである」のように，図形の概念は定義によって規定され，公理や公準をもとに多くの図形の性質が命題として定立され，証明された。

　19 世紀には，ロバチェフスキーやリーマンらによって非ユークリッド幾何

学が生み出され，ユークリッドの『原論』における公理や公準は絶対的なものではないと捉えられるとともに，他の公理や公準をもとにした幾何学が構成されるようになった。そして，ヒルベルトの『幾何学基礎論』において，ユークリッド幾何学に厳密な基礎を与え，実生活に束縛されない幾何学へと再構成する段階が訪れる。この時期における幾何学は，「点」，「直線」，「平面」に定義を与えず，公理系とそれらの関係によって記述するものである。図形の概念は，無定義用語と公理系によって規定される抽象的な対象であり，身の回りにあるものの形や実生活の事象を記述しているものであるとは限らず，純粋な数学的対象になっている。

31-2　指導の立場からの考察

(1) 図形指導の目的と内容

　図形指導では，図形の概念や性質，構成，計量について考察し，理解するとともに，それらに着目して身の回りにあるものの形や日常生活の事象を捉え，解決に生かすことができるようにすることが意図されている。具体的には，小学校学習指導要領（平成29年告示）解説算数編では，「図形」領域において育成を目指す資質・能力が，次のようにまとめられている。

　　①図形の概念について理解し，その性質について考察すること
　　②図形の構成の仕方について考察すること
　　③図形の計量の仕方について考察すること
　　④図形の性質を日常生活に生かすこと　　（文部科学省，2018, p.50）

　いずれの内容の指導においても，具体物を用いた操作を取り入れるとともに，念頭での操作ができるようにすることが重要である。また，図形を全体として捉えることから，その構成要素に着目して捉えること，そして構成要素間の関係や図形間の関係に着目して捉えることへと，図形の見方や知識，思考力等を高めていく必要がある。このことは，①だけではなく②③④においても重要である。また，身の回りにあるものの形や日常生活の事象を図形の性質等に着目して考察することと，図形そのものの概念や性質等を考察することとを，

第 3 章 図形

行き来しながら学習を進められるように留意する必要がある。

(2)図形の概念

　図形の概念は抽象的な対象であり，目や手によって直接的に見たり触ったりすることはできない。他方，学習上は，身の回りにあるものや，図や記号で表現されたもの等の具体物の形を通して理解していくことになる。

　図形の概念を形成するためには，いくつかの具体物の形を観察し，共通する特徴を取り出し，その特徴を言語で表して抽象化することが必要である。また，このようにして獲得した図形の概念について，固有な特徴と固有でない特徴を見いだし，前者を含め後者を除外するように言語化し直すことにより，概念を洗練していくことが可能になる。その過程では，概念の外延（その概念に当てはまるもの）と内包（その概念に当てはまるものに共通する特徴）の双方に着目することが重要である。

　例えば，三角形について，いくつかの具体物の形を観察する中で，共通する特徴として「三本の線をもつ図形」を取り出し，この特徴をもつものの形に三角形の名称を一旦与えたとする。この場面において，曲線を含む三本の線によって囲まれたもの（例えば図 3.1.1）を観察に含めれば，三角形に固有な特徴として「線が直線であること」を見いだし，三角形は「三本の直線をもつ図形」であるとすることができる。また，三本の直線（線分）をもっているがその中の二本が交わっていないもの（例えば図 3.1.2）を観察に含めれば，固有な特徴として「囲まれていること」を見いだし，「三本の直線によって囲まれている図形」とすることができる。さらに，「頂点」の意味を理解したり，二つの頂点を直線によって結んだものとして「辺」の意味を捉え直したりするなど，構成要素に着目して三角形の概念を捉えることも可能になる。

図 3.1.1

図 3.1.2

　図形の概念には，前述の例の「三角形」や「直線」のように図形そのものを指す対象概念と，「合同」や「平行」のように図形の間の関係や，図形に関する量（長さや面積，体積等）の間の関係を指す関係概

念がある。例として次のものがある。

対象概念	点，線（直線），面（平面），角，三角形（正三角形，二等辺三角形，直角三角形），四角形（正方形，長方形，ひし形，平行四辺形，台形），円，直方体（立方体），角柱，円柱，角錐，円錐，球，頂点，辺
関係概念	平行，垂直，合同，相似，対称（線対称，点対称），図形に関する量（長さ，面積，体積等）の相等や大小

[研究問題31-1]
　図形の概念の形成においては，いくつかの具体物の形を観察し，共通する特徴を取り出すことが必要である。上述の三角形以外の対象概念を一つ選択し，その概念形成の導入場面における活動を具体的に考え，説明してみよう。
〈研究の指針〉
　具体物の中から共通する特徴を取り出すためには，具体物を分類整理する観点が必要である。その観点として，図形の構成要素（辺や頂点等）に着目することが重要である。また，その概念に固有な特徴と固有でない特徴を見いだし，前者を含め後者を除外するように言語化することが必要である。それゆえ，具体物の中に，その図形に似ているが異なるものを含めておくことが重要である。

(2)図形の操作

　図形の分解（分ける等）や構成（合わせる等），移動（ずらす，まわす，裏返す，重ねる等）といった操作は，図形の概念やその性質を理解することだけではなく，その構成や計量の仕方を考察したり，それらを活用したりするためにも重要である。また，これらの操作においては，具体物を用いた操作だけではなく，念頭で行う内面化された操作ができるようにすることが重要である。

　ずらす，まわす，裏返す，拡げる・縮めるという操作は，平行移動，回転移動，対象移動，拡大・縮小につながるものであり，高学年や中学校での学習を意識して指導することが必要である。他方，図形の学習において重要な操作は

これらだけではない。指導の目標やねらいに応じて様々な操作を意図的に設定するとともに，その操作の意味を考える活動を取り入れることが重要である。

ひし形を半分に折るという操作一つをとっても，その意味を考えることは様々な教育的な価値をもつ。例えば，ひし形がその対角線を軸として線対称な図形であることの理解につながるだけではなく，二つの合同な二等辺三角形によってひし形を構成することができることの理解や，ひし形の概念を二等辺三角形の概念と関係付けて理解すること，ひし形の面積の求め方を三角形の面積の求め方に帰着して考えることなどにもつながる。さらに，二等辺三角形を半分に折る操作を含めれば，ひし形，二等辺三角形，直角三角形の三者の関係を理解することにもつながる。このように，具体物を用いた操作を取り入れた学習を通して図形の概念や性質，構成，計量について理解を深めるとともに，その理解をもとに念頭での操作へと質を高め，図形の知識と操作を相互に高めていくことが重要である。

しかし，図形の知識を操作と関係付けて習得することは，十分に達成されているとはいえない。例えば，平成20年度全国学力・学習状況調査小学校算数A⑤では，対角線が引かれた四角形の図が与えられた上で，「三角形の3つの角の大きさの和が180°であることを使って，四角形の4つの角の大きさの和を求める式を書きましょう」という問題が出され，その正答率は68.1%であった。三角形と四角形という基本的な図形の関係について，解決に必要な情報が与えられていても，3割程度の児童が式を答えることができないのである。

四角形の4つの角の大きさの和を，三角形の3つの角の大きさの和と関係付けて捉えるためには，四角形の概念やその性質を三角形と関係付けて理解していることが前提となる。それゆえ，四角形を二つの三角形に分解したり，二つの三角形によって四角形を構成したりする操作を重視するとともに，三角形の性質と四角形の性質の関係を考えたりその理由を説明したりする活動等を取り入れ，四角形と三角形を関係付けて理解することができるようにしておく必要がある。

[研究問題 31-2]
　図形の操作は，図形の概念やその性質を理解することだけではなく，その構成や計量の仕方を考察したり，それらを活用したりするためにも重要である。算数科における図形の内容を一つ取り上げ，その内容の学習においてどのような操作をどのように生かすことができるのかを，具体的に考えよう。

〈研究の指針〉
　小学校学習指導要領 H29 解説算数編では，「図形」や「数学的活動」において様々な操作が例示されている。各操作の意味を考えるとともに，その操作を指導の目標やねらいにどのように位置付けるかを明確にすることが重要である。

(3) 図形の知識の活用

　図形の学習指導を通じて，図形の概念や性質等について習得した知識を活用して考察したり判断したりすることができるようにすることが求められている。他方，このことについても児童の学習上の課題が指摘されている。

　例えば，右図の階段の壁について，「点オから点クまでの長さを知るためには，点カから点キまでの長さを測ればよい」ことの理由を選択する問題（平成 21 年全国学力・学習状況調査小学校算数 B [1] (2)）の正答率は 65.3 % であった。この場面において，「向

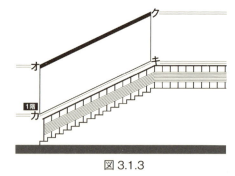

図 3.1.3

かい合っている辺の長さが等しい」という平行四辺形の知識を活用することを意識している児童は全体の 3 分の 2 程度なのである。

　この問題に関連して，同調査の A [5] (3) では，平行四辺形の下底の長さ (10cm) が与えられている算数の場面において，上底の長さを答える問題が出

され，その正答率は 92.7 ％であった。さらに，両問題のクロス集計により，A ⑤ (3) を正答した児童の中で B ① (2) を誤答した児童は 30.4 ％であった。すなわち，3 割程度の児童は，算数の場面において図形の知りたい長さを求めることはできても，日常生活の場面において知りたい長さを求める際に活用している図形の知識を意識していないのである。

　この学習状況を，数学的な見方・考え方に着目して分析すると，例えば次のようになる。上述の場面において働かせる数学的な見方は，壁を理想化し，点オ，カ，キ，クの関係やそれらの間の長さ，長さの関係等を平行四辺形に着目して捉えることであり，数学的な考え方は，平行四辺形の知識の中でも「向かい合っている辺の長さが等しい」を根拠として，「点オから点クまでの長さを知るためには点カから点キまでの長さを測ればよい」理由を筋道立てて考えることである。これらの見方・考え方を働かせて解決の結果を得るためには，平行四辺形とその性質に関する知識の習得とともに，その知識の中で何をどのように活用すればよいのかを考える思考力，あるいはメタ的な知識が必要である。

　このような図形の知識を活用するための思考力やメタ的な知識について，意図的な指導を行っていかなければならない。指導においては，知識を予め確実に習得させ，活用が可能になるようにすることだけではなく，活用場面を通じて習得が確実でない知識を明らかにして，その知識の習得を確実なものにすることも計画的に取り入れることが必要である。そして，その知識と，活用場面で必要な思考力やメタ的な知識とを，関係付けて育成することが重要である。

[研究問題 31-3]
　日常生活の場面において，図形の概念に関する知識を活用して課題を解決するために必要な思考力やメタ的な知識を育成するために，どのような指導が必要であるかを具体的に考え，説明しよう。
〈研究の指針〉
　上述の階段の壁の問題については，調査の報告書において，結果ととも

> にその趣旨，学習指導要領の内容との対応，分析結果と課題，学習指導の改善のポイントが示されている。また，平成16年度に実施された「特定の課題に関する調査」においても類似の問題が出題されている。思考力やメタ的な知識についてどのようなことが述べられているかを特定し，参考にしよう。

〈参考文献〉
近藤洋逸，1994，『近藤洋逸数学史著作集1 幾何学思想史』，日本評論社.
文部科学省，2018，『小学校学習指導要領（平成29年告示）解説算数編』，日本文教出版.
文部科学省・国立教育政策研究所，2008，『平成20年度全国学力・学習状況調査 小学校 報告書』，
http://www.nier.go.jp/08chousakekkahoukoku/02shou_chousakekka_houkokusho.htm
文部科学省・国立教育政策研究所，2009，『平成21年度全国学力・学習状況調査 小学校 報告書』，
http://www.nier.go.jp/09chousakekkahoukoku/02shou_chousakekka_houkokusho.htm

第 3 章　図形

3.2
図形の計量—面積・体積

32-1　数学的立場からの考察

(1)図形の大きさとその性質

　古代より，文明の発展を支える実用性の高い数学がつくり出され，現代の学問としての数学へとつながっている。その一つが測量術に関わるものであり，長さ，面積，体積などの量という概念や，それを求める方法は，何千年も前に経験的に見いだされ，人々の生活の中で活用されてきた。現代では，これらを数学的に抽象化し，「測度」という解析学などの分野において重要な役割を果たす概念にまで発展してきている。

　長さ，面積，体積は，一般的には異なる種類の量であり，小学校算数科においては，それぞれある種の図形に対応して定められる大きさである。例えば長さは，線分，曲線などについて定められ，面積は，平面図形や空間内のある種の面について定められる。そして体積は，立体図形について定められる。しかし，これらの量の間には共通の性質を認めることができる。

(2)面積・体積

　面積を定めるためには，1辺が線分Eと合同な正方形の広さを1，すなわち単位とする。任意の線分を1辺とする正方形や長方形は，この単位となる正方形を用いてその何倍になるかを求め，得られた値を面積とする。

　図3.2.1のような単一閉曲線で囲まれた平面図形については，（ア）内測度と（イ）外測度を考え，それらが一致するとき，その値を求める面積とする。内測度とは，図（ア）にあるように，平面図形の内部に長方形を重ならないように敷き詰めて，その面積の和を求める操作が，理論上可能な限り元の図形に近づくように行われた結果得られる集合の上限とする。これに対し外測度とは，図（イ）にあるように，平面図形を覆うように長方形を敷き詰め，その面積の和を求める操作が，内測度と同じように行われた結果得られる集合の下限

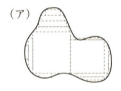 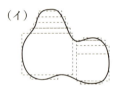

図 3.2.1

とする。これにより多角形や円など既知の図形にも面積を定めることができる。

体積を定めるためには，1辺が線分Eと同じ立方体のかさを1，すなわち単位とし，先の面積と類似の方法で定めることができる。面積・体積はこのように，1cm² または 1m³ などのように長さからその単位がつくり出されることから，長さの累乗という次元の単位系になっていると捉えることができる。また立体図形の体積は，1000cm³ を1Lとし，1dLなどメートル法に基づいて大きさを表す単位がある。

32-2 教育的立場からの考察

各図形の計量について，まず長さは，面積・体積の単位との関係からも最も基本的な量として扱われており，第2学年で「mm，cm，m」の，第3学年で「km」の単位と測定を指導する。次に面積は，第4学年で「cm²，m²，km²」の単位と正方形・長方形の面積の求め方を指導する。第5学年で，平行四辺形や三角形などその他の図形の指導に応じて，その面積の求め方を指導する。そして体積は第2学年で「mL，dL，L」の単位と測定について指導する。第5学年で「cm³，m³」の単位と立方体や直方体の体積の求め方を指導する。第6学年で，面積と同様にその他の立体図形（柱体）の指導と関連付けて進める。よって面積や体積の求積は，対象となる図形の概念理解との関係が重要となる。

長さが基本的な量として低学年から扱われる理由は，面積・体積との関係だけではない。長さは，身の回りにある比較可能な具体物が多いことなどから児童がより目的意識をもって学習に取り組むことが容易であり，比較的スムーズ

に量概念へと導くことができる。しかし，広さは，それに対する量的な感覚が面積とずれを生じることが発達段階に応じてままある。例えば，児童が活動しようとする2つの場AとBについて，その面積を$\mu(A)$と$\mu(B)$とし，今，$\mu(A) > \mu(B)$とする。このとき，Aで床にものが置いてあったり，その形が細長かったりすると，たとえ$\mu(A) > \mu(B)$であったとしても，児童はAの方が狭いと感じる場合がある。また紙に描かれた2つの図形の広さを比較しようと重ねても，はみ出したり，不足したりして，児童にとっては比べることが難しいことがある。これを切ったりつないだりすると，量の性質の一つである保存性が獲得されておらず，面積が変わったと考えることがよくある。体積に対応する「かさの感覚」についてもこれと同じような傾向が見られる。

　このような傾向の原因には，広さやかさに対して，長さとはまた別の性格のものであるという印象をもっていることが考えられる。広さやかさについても，大小を比較する対象となること，分割したり合成したりでき，一つの図形に対してこのような操作を加えた場合，元の大きさは変わらないこと，単位を決めれば大きさを数値で示すことができることなど，長さと共通の性質をもつものであることに気づかせ，量概念へと導くことが重要である。例えば，長さを数値化する際の考え方を，広さを数値化する際に適用できないかと考え，単位となる長さを一辺にもつ正方形を用い，帯状にすることを考え出すことや，液体のかさを求める際にメスシリンダーなどの道具を使用することが，同じ考え方によるものであることを知ることは，共通な性質をもつものであることを認識する機会として考えられる。

　考え方の工夫はまた，面積や体積など，図形の求積の指導においても重要である。求積公式の適用練習や正確に計算できるようになることも大切であるが，計算によって求積を可能にする公式をつくり出そうとする考え方やその過程でなされる様々な工夫は，児童の数学的な考え方を育成する機会として大切にしたいものである。求積公式を導き出す過程では，分解・合成や変形，位置を変えるなどの多様な活動が行われ，図形の多面的な見方をする場ともなる。多様な考え方や工夫を整理した結果，共通な方法として最終的に抽出されるも

のが求積公式である，というような指導が求められる。また，図形の求積公式をつくり出すことは，児童にとって行動の目標として捉えやすいことから，その解決を目指して図形の性質の探究や，既習の性質を用いようとする学習活動の場としても適切なものとなる。求積公式を適用して計算する場面でやや複雑な問題を解決する場合は，より簡単な計算方法に帰着させる工夫や，いろいろな考え方を経験させることも重要である。例えば，複雑な図形の面積を求める場合に，どのように変形すると，長方形や正方形などの求めやすい形になるかと考えることや，形を分割する際に，同じ形を見つけ，その個数だけ倍にしたりするなどの手続きの効率化を図るなどが考えられる。また高さが変わっていくと，面積はどのように変わるかなど，部分を変数として捉えたときの量の変化に注目することも重要な活動である。

[研究問題32-1]
　面積・体積の指導の系統がどのようになっているか，また他の領域との関わりはどのようになっているか，これを学習指導要領及び教科書の記述などから具体的に調べなさい。
〈研究の指針〉
　広さ・かさについて，長さと異なり，量概念へと導くことが難しい場合があることは先に触れた。学習指導要領や教科書において，これらの点についてどのような配慮がなされているかを調べるとよい。また，ピアジェらの研究などを参考にして，量の意味や性質の理解について発達段階に応じてどのような問題があるかについても同時に調べるとよい。
　さらに，他の領域での学習活動が，平面図形や立体図形の広さの数値化や，求積公式をつくり出す過程に深く関わっていることがある。例えば，正方形の小さな色板の1枚を1として10の大きさを帯状の形にすることや100枚の板で正方形に形づくる活動は，単位を基にした10や100と数値化される広さを経験していることになる。先の広さ・かさの数値化を長さと異なるものとしてみる傾向にある児童には，同じ枚数の正方形で

様々な形をつくってみる活動も有効かもしれない。広さ・かさの数値化や求積公式をつくり出す過程において，これらの経験を生かすとともに，図形の計量の領域で留意すべき点について考察することが必要である。

[研究問題 32-2]
　広さという感覚から面積という概念へ，かさという感覚から体積という概念への移行について，どのような学習活動を通して指導していくとよいか，具体的に考えなさい。
〈研究の指針〉
　平面図形の計量は，単位面積を決め，その何倍に当たるかを求め，得られた数値を，その大きさを表すものとすることである。2つの異なる図形の大きさを比較する活動において，「広い」「せまい」などの感覚的な広さの捉え方から，長さの測定の学習活動において用いた考え方を適用することで，広さを数値化することが可能になることに気づかせ，タイルなどの具体物によって表し，その枚数を数えて比較するなどして面積に移行する。このとき，面積の単位となる形が，測定したい図形の中にうまく敷き詰めて数えられるものがよいことに気づき，長方形を単位面積とすることが適当であることへと導く。
　直方体と立方体の体積の求め方については，広さを数値化した際に用いた考え方を基に，単位の長さを一辺にもつ立方体を単位として考え，数値化できることに気づかせるようにする。

[研究問題 32-3]
　基本的な多角形の求積の公式について，次の各問について研究してみよう。
問題1　あなたなら三角形，平行四辺形の求積について，どちらを先に取り上げますか？　その順序と指導の方法について考えなさい。
問題2　高さが底辺からはみ出したところで交わるような平面図形の求積

など，図形の形や向きにかかわらず公式を使える，工夫することができるようにするための指導の工夫について調べなさい。

〈研究の指針〉

　図形の分割・合成によって，長方形に帰着させる工夫をすることが基本である。一つの図形の求積公式が導き出されたら，そのほかの図形についてはすでに公式の得られたどの図形に帰着させてもよく，そのためにいろいろな工夫を考えることが大切である。この点から，問題1で三角形と平行四辺形の求積の指導の順序をどのように考えるかが大切になる。台形や一般の多角形などその他の図形については，これまでの面積に関する学習において経験してきた考え方を適用し，発展的な課題として児童が意欲的に取り組むことができる教材としたいものである。よって，学習指導要領にある特定の平面図形の求積公式を導くためにだけではなく，いろいろな形の面積を工夫して求める活動を重視し，数学的な考え方の育成の機会として大切にしたいものである。

　問題2については，細長い平行四辺形の面積を求める工夫などが考えられる。右図で白い部分の面積を求めるためには，それぞれの三角形の高さがわからなくても求めることができることや，対

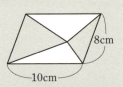

角線の長さしかわからない正方形の面積を求めるための方法を工夫する活動の場を与えるような指導が考えられる。

[研究問題32-4]

問題1　曲線で囲まれた図形の代表としての円の面積の求め方を調べなさい。またこれらの方法のそれぞれには，どんな考え方が用いられているか，円周率の扱いにどのような相違があるかなど説明しなさい。

問題2　第6学年の円柱の学習との関連について調べ，角柱の体積の求め方についての指導上の工夫について考えなさい。

〈研究の指針〉

　円の中に単位面積である正方形がいくつ入るか数えることは，面積の数値化の基本である。曲線で囲まれた図形では，周囲の線はどこも正方形を内と外とに分割しているため，これらをどう数えるかが課題である。多角形の求積で図形の分割・合成を工夫して既習の図形に帰着させることを考えるが，円の場合もその性質を利用した工夫について考えることが大切である。扇形に分割して，長方形に近い形に並べ変えることがこれに当たる。この場合，直観的ではあるが，極限の見方に触れさせることになり，この様子を児童が感得できる教具の工夫が求められる。これについて調べてみるとよい。

　第5学年で，正六角形の外周の長さで円周の長さを近似したり，実際に長さを測ったりして，直径と円周の長さの間の関係が一定であることを見つけ，円周率が約3.14であることを児童は知る。扇形に分割する方法からは，円周の2分の1と半径の積で円の面積が得られることを見つけ出し，円の求積公式を導くことができる。

　これに対して方眼の目を数える方法では，半径の長さを一辺とする正方形の面積と円の面積との比が問題となる。円周の長さは面積に関係してこないことに注意して指導を考える必要がある。

3.3 図形の学習水準論

33-1 数学の立場からの考察

　図形を研究する幾何学の発展の歴史において概観されているように，図形や幾何学にはいくつかの発展の段階がある。最初の第一の段階は，身の回りにあるものの形やそれがもつ個々の性質を把握して利用する段階である。第二の段階は，身の回りの空間をユークリッド幾何学をモデルとして厳格に把握する段階であり，図形に関する様々な性質が体系化された段階である。そこでは，図形やその構成要素を明確に定義し，公理・公準を設定し，図形において成り立つ命題を演繹的に証明し，堅牢な体系を構築する。そして，第三の段階は，ユークリッド幾何学の基礎をなす公理・公準の意味内容が相対化され，公理系の要件を満たすものとして様々な幾何学が創造された段階である。長い歴史を通した幾何学の系統的な発達は，人の学習過程になぞらえることができるという考え方があり，子供が図形や幾何を学習する際にも，いくつかの類似の段階あるいは水準を想定することができる。学習水準論は，図形や幾何学の系統的な発達を視野に入れながら，子供の図形学習を教師が指導する際に留意する理論的視点を与える数学教育の理論である。

33-2 指導の立場からの考察

(1)学習水準論
①思考水準論
　学習水準論の基礎には，子供が図形や幾何をどのように考え，教師がどのように指導するかを論ずる思考水準論と呼ばれる世界的に広く知られた数学教育の理論がある。思考水準論は，オランダの数学教師であったファン・ヒーレ夫妻が自らの幾何の指導を省察し，ゲシュタルト心理学を基礎として幾何指導の改善のために1950年代に考案した理論であり，その後1960年代に旧ソビエ

ト連邦に大きな影響を与え，わが国では 1980 年代より重点的に研究され，幾何のみならず他の内容領域においても検討されている[1]。ヒーレ夫妻が実践を通して発見したことは，図形や幾何には様々な思考の様式があり，幾何指導が，子供が可能な思考水準よりも高い水準で提示され，語られることである。そして，教師が子供にとって可能な思考水準に配慮して適切な指導を段階的に行うならば，子供はより高い水準へと徐々に学習を進めていくことができることを示した。学習水準論とは，思考水準を高める学習指導の理論である[2]。

図形及び幾何における子供の思考の発達には次の 5 つの水準がある。

<u>第 0 水準</u>は，最も低い「視覚的水準」で，図形を全体として，その概形によって捉える。図形の名前，例えば，ひし形と平行四辺形を知っており，それらを見た目で間違いなく弁別することができる。

<u>第 1 水準</u>は，「記述的水準」と呼ばれ，図形を操作や実測などから見いだされた様々な性質をもつものと捉えるが，性質間の論理的関係は明確に意識しない。

<u>第 2 水準</u>は，「局所的演繹の水準」と呼ばれ，図形の特定の性質を定義として採用し，他の性質は証明により導く。定義が機能し始め，性質が秩序づけられる。しかし，証明の基になる演繹的推論の方法自体を明確に意識しない。

<u>第 3 水準</u>は「形式論理の水準」と呼ばれ，演繹法を大域的に理解する。すなわち，理論全体を構成する方法としての論証，定理の逆，間接証明法の意味がわかる。無定義用語と，具体的な解釈を伴う公理に基づき理論体系を構築するユークリッドの『原論』の価値がわかる。

<u>第 4 水準</u>は，最も高い「論理法則の本性の水準」である。これは数学者による幾何学の認識の水準で，具体的な意味内容を捨象した公理や考察する対象により理論を構築する。

31-1 で述べた幾何学の系統的な発達の 3 つの段階は，子供の思考水準と関連性がある。すなわち，第一段階は第 2 水準に，第二段階は第 3 水準に，さらに第三段階は第 4 水準と類似性がある。しかしながら，思考水準論は，図形や幾何学の数学的な考察以上に，指導上の配慮や考察に関して示唆に富み，子

供の図形学習において教師が留意するべき視点を与えてくれる。

　小学校算数科の図形の学習水準は，上記の思考水準の第0と第1水準が主で，第2水準の要素も未分化ながら含んでいる。例えば，二等辺三角形と正三角形を間違いなく弁別できる子供は，第0水準と第1水準のいずれの可能性もあることに留意しなければならない。また，教師がフリーハンドで正確ではない図を参照して図形の性質を語ってよいか敏感でなければならない。二等辺三角形では，2つの辺が等しい「ので」底角は等しいと教師が話しても第1水準の子供には通じない。二等辺三角形状の紙を折り曲げて確かめるように，第1水準にいる子供には，二等辺三角形では，等辺と等角は同時に成り立つ同格の性質であり，一方が他方の帰結ではないのである。さらに，二等辺三角形の定義が正三角形においても当てはまるので，正三角形は二等辺三角形でもあることを納得できるのは，定義が機能する第2水準の子供である。第2水準では，二等辺三角形の頂角の二等分線を作図して，底角の大きさが等しいことを証明することを学ぶ。しかし，第3水準になると，その証明は循環論法であり，ユークリッドの『原論』全体の組み立て方に鑑みて不適切であることが理解できる。

②思考水準の留意点
　子供の図形の学習水準を考える際に留意するべきことがある。
・より高い水準への発達は，子供の生物学的な成熟としてではなく，意図した指導による学習として進行する。ただし，ある水準から他の水準へ中間の水準を飛び越えて移行することはできない。算数（数学）科の学習水準では，こうした要件がある。
・ある水準で正しいことは，他の水準では間違っている。「正三角形は二等辺三角形である」は第2水準では正しいが，第0，第1水準では正しくない。
・各思考水準には，専門的な，そして論理的な用語を含む固有の言語があり，水準の移行に際してその言語が拡大する。したがって，異なる水準にいる人同士は異なった言語を話すため，互いに理解し合うことができな

い。このことが教師と子供の間でしばしば生ずることに留意しなければならない。
・ある水準の要素は1つ下の水準で未分化あるいは内在的に含まれており，それに気づき顕在化あるいは外在化することで次の高い水準へと移行する。このように考えることがゲシュタルト心理学らしい点である。

思考水準には，図形の捉え方（第0から第1）と幾何を組み立てる推論の方法（第2から第4）という2つの側面がある。小学校では図形の概念形成が主で，定義に基づく図形の関係や図形の包摂関係を明確に指導しないものの，小学校でその要素を感覚的に経験しておくことが，次の中学校での学習への接続を保証する上で大切である[3]。

③水準の移行のための学習指導

適切な学習指導のデザインによってより高い水準への移行が実現される。高い水準への移行にはいくつかの段階があるとヒーレ夫妻は述べている。以下に示すのは，より高い水準へと移行するための学習指導の5つの段階で，異なる性質をもつという意味で5つの「相」ということもできる。水準の移行は長期間にわたるもので，必ずしも授業の段階ではではないことに留意する。

第1段階は，「探究」である。教師から提示されたイメージできる題材に対して，これから子供は探究を進める分野の構造や関係のネットワークについての情報を知る。

第2段階は，「定められた方向付け」である。子供は調べていこうとする分野と方向性を知っており，教師は子供が特徴的な構造をもった関係のネットワークが徐々に顕在化していくように教材を選び，提示する。

第3段階は，「明示化」である。子供は，見いだした仕組みや構造について教室での話し合いの中で，自分の考えを表現し伝えるようになる。ここで，教師は公的な専門用語を導入し，その用語を用いて子供が見いだした構造を明示的に表現するように諭す。

第4段階は，「自由な方向付け」である。子供は探究している分野と見いだすべき構造や関係のネットワークを把握している。ここでは，子供はいろいろ

な方法で解決できる課題を通してその構造を自分なりの方法で自由に扱えるようになる。

<u>第5段階</u>は,「統合」である。子供はこれまでに,探究する領域全体にわたり自由に扱える方法を用いて構造や関係のネットワークを見いだし,専門用語で表現してきた。ここで,教師は,子供自身が取り組んできたことの大局的な概観を与え,全体像を集約するよう支援する。この概観は,新しいものではなく,子供がすでに知っていることのまとめにすぎない。統合を経て,以前の思考水準が新しい思考水準へと置き換わり,同じ対象を異なる見方・考え方で捉え,異なる言語で語ることができるようになる。

ヒーレは,第1水準から第2水準への移行を目指す題材として,合同な図形による平面の敷き詰めを用いている。身の回りには,図形による様々な敷き詰めがあり,そこにはいろいろな図形の性質が見いだされる。

右図は,合同な三角形による平面の敷き詰めの一部である。第1水準では,図形をそれがもつ性質によって特徴付けることができる。合同であることとは,第0水準では,「区別がつかない」「ぴったり重なる」と合同を全体的に捉えるが,第1水準では,対応する3辺や3角が等しいという性質として捉える。第2水準になると,対応する3組の辺と3組の角から3組の構成要素のみで,三角形は合同になってしまうと考えるようになる。

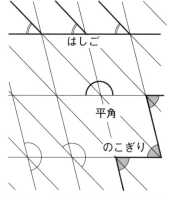

図3.3.1 合同な三角形の敷き詰め

子供は,合同な三角形の敷き詰めから,様々な図形の性質を見いだす。同じ角に色を塗ることを通して,「三角形の3つの角が平角をなす」こと,「3種類の平行線ができる」こと,(錯角に着目すると)「のこぎりのような図形がある」こと,(同位角に着目すると)「はしごのような図形がある」こと,「合同な三角形から,平行四辺形,台形,六角形などの図形ができる」ことなどの性質を見いだしていく。さらに,「三角形の3つの角の

大きさは180°になる」ことや「平行四辺形の向かい合う角が等しい」ことには，平行線，のこぎり（錯角），はしご（同位角）が関連しているという性質間のネットワークにも未分化ながら気づいている。

(2) 小学校算数科図形領域における学習水準
①図形領域と学習水準論

　平成29年3月告示の小学校学習指導要領の算数では，3.1と3.2で述べたように，図形領域は図形概念やその構成要素間の関係など定性的な側面と，角度・周長・面積・体積など定量（計量）的な側面から再構成されている。図形の学習水準論は，図形概念の形成と幾何を組み立てる方法の理解に関わり，主として定性的な側面に関わる。他方で，数学の個々の内容で学習水準論が考えられるので，両側面の学習水準の関わりを研究することは新しい課題となる。

②数学的な見方・考え方及び数学的活動と学習水準論

　学習指導要領において，算数科の教科の目標では，数学的な見方・考え方を働かせ，数学的活動を通して数学的に考える資質・能力を育成することを目指している。数学的な見方とは着目する視点であり，考え方は思考の方法である。ヒーレ夫妻の図形の思考水準論では，数学的な見方・考え方は，それぞれ思考の対象と方法とみなし，水準の移行は内在的であった方法が外在化して思考の明示的な対象とする「方法の対象化」として特徴付けられる。また，数学的活動は，学習の段階を通して，探究する対象について情報をもち，導かれた方向づけにより対象間の関係を見いだし，明確なネットワークとして構築したり，自由な方向付けにより，構築された関係のネットワークを柔軟にたどって問題を解決したりする過程であるといえる。その際，ネットワークを構築する方法は内在的で明確に意識されているわけではない。数学的な見方・考え方を思考水準論における対象と方法（手段）によって整理すると以下のようになる[1],[2]。

　第0水準では，身の回りの事物が思考の対象であり，形が思考の手段となる。机の表面，窓，本が長方形という図形によって同一のものとしてまとめられる。小学校1年生及びそれ以前の段階。

　第1水準では，図形が思考の対象として意識され，図形の性質が思考の手段

となる。辺の数や相等，直角の有無などが図形を分類する基準として用いられる。小学校中学年の段階。

第2水準では，図形の性質が思考の対象となり，性質を整理する手段として形質間の関係である命題が用いられ，「二等辺三角形の底角は等しい」ことが理解できる。これが小学校の最終目標である。命題それ自体を思考の対象として証明による演繹論理で命題を関係づけるのは中学校からである。

[研究問題33-1]
　異なる思考水準にいる人同士は異なった言語を話すため，互いに理解し合うことができない。このことは教師と子供の間でしばしば生ずる。算数科の図形学習においてそのような例を挙げなさい。

[研究問題33-2]
　算数科では第1水準においても様々な図形の定義が登場する。それを基礎として中学校では第2水準で定義が機能し証明を行う。中学校数学科との接続を円滑にするために，算数科の第1水準における定義を指導する際の留意点を挙げなさい。

〈研究の指針〉
　小学校における第1水準での思考と中学校での第2水準での思考がうまく接続していない子供の姿から指導上の留意点を考える[5]。

〈引用・参考文献〉
1) 平林一榮（1987）『数学教育の活動主義的展開』，東洋館出版社．
2) 小山正孝（1987）van Hieleの「学習水準論」について．日本数学教育学会，数学教育学論究，47・48．
3) 松尾七重（2000）『算数・数学における図形指導の改善』，東洋館出版社．
4) 文部科学省（2018）『小学校学習指導要領（平成29年告示）解説・算数編』，日本文教出版．
5) 橋本是浩（1982）ファン・ヒーレの「学習水準の理論」とその幾何教育への示唆（1）-（4），新しい算数教育，No.133-135．東洋館出版社．
6) 布川和彦（2016）『生徒の姿から指導を考える』，学校図書．

第 4 章
測 定

　長さ，重さ，かさ，時間などの量は，日常生活においてよく利用する。量の概念は幼児のある時期まではそのものの属性である。学習が進むにつれて，そのものから離れて考察，計算処理する対象にまで発展する。そして，測定領域で扱う内容は，分数，小数，比例など，算数科の他領域や社会科や理科の学習に不可欠である。また測定のアイディアは，除法や割合の素地となる。

　本領域は，学習指導要領の改訂（平成29年度告示）に伴い「量と測定」という名称から「測定」と名称が変更された。また内容も長さ，かさ，重さ，時間と時刻，ひろさと限定された。これらは日常生活で利用する基本的な量であり，4年以降に学習する図形領域の面積や変化と関係領域にある速さなどの量はこれらの量をもとに考える量である。これまでの量と測定領域において大切にしてきた量の概念を理解すること，それにともなって測定する方法を作り出すこと，言い換えると数値化すること，はこれまでと同様に大切にすべきである。

4.1 量の概念と測定

41-1　数学的立場からの考察

　長さ，重さ，時間などを具体例として考えながら，量の基本的性質について考えてみよう。長さをあるもの x の長さという関数としてみることとする。

　　あるもの x の長さが a である　　　$\ell(x) = a$

それは以下の性質を満たしている。

①比較可能性

　同種の2量 a、β が与えられると

$\alpha > \beta$, $\alpha = \beta$, $\beta > \alpha$

のいずれか一つのみが成り立つ。

相当は同時関係である。

相当関係は同値関係である。

i) $\alpha = \alpha$

ii) $\alpha = \beta$　ならば　$\beta = \alpha$

iii) $\alpha = \beta$　かつ　$\beta = \gamma$　ならば　$\alpha = \gamma$

大小関係は推移律をみたす。

　　$\alpha < \beta$　かつ　$\beta < \gamma$　ならば　$\alpha < \gamma$

②加法性

同種の任意のα, βが与えられると, $\alpha + \beta = \gamma$なる数γが一意に決まる。量の加法に関して交換結合法則が成り立つ。

　　$\alpha + \beta = \beta + \alpha$

　　$(\alpha + \beta) + \gamma = \alpha + (\beta + \gamma)$

$\alpha > \beta$ならば, $\alpha = \beta + \gamma$なるγが決まる。

③測定性

同種の2量α, βあり, $\alpha > \beta$のとき, $\alpha \leqq n\beta$を満たす自然数nが存在する。

④等分可能性と稠密性

1つの数は任意に等分することができる。1つの量αが与えられると, 任意の自然数nに対してn$\beta = \alpha$を満たす量βが存在する。

同種の2量α, βに対して$\alpha > \beta$のとき, $\alpha > \gamma > \beta$を満たすγが存在する。

41-2　指導の立場からの考察

(1)**量への着目**

もののいろいろな属性を考察するとき, 属性の一つとして量が考えられる。例えば, あるものがあり, その属性として長さや重さがあり, それらを表す日

常的なことばは多様である。長さを表すことばは，長い，深い，太い，幅が広い，厚いなどがある。そして，長さは視覚的に見えたり見なかったりする。ひもの長さはピンとのばして，線分として目に見え，指でなぞることができる。身長という長さは実際にその線分をなぞることはできないが，紙テープなどにその長さをうつしとることができる。また駅までの距離が2キロメートルというとき，2キロメートルという長さをみることはまずできない。しかしわれわれはそれを長さとして認識している。長さという量は，次第に抽象化される。そのためには，まず，長さ，重さ，そしてかさがどのような量であるかを知ることが大切である。

　量の概念が抽象化されるには，量の保存性の理解が不可欠である。かたち，置かれている場所，いくつかに分割・合併しても，量の総体は保存される。

　量には分離量と連続量と呼ばれるものがある。対象が個体であり，それらが1つの単位をなしている場合が分離量と呼ばれる。また長さ，重さ，時間などの量は個体として存在せず，それらがいくらでも細分され連続量と呼ばれる。そのために単位を人為的に決めて，単位のいくつ分として量の大きさを調べる。連続量は加法性の観点から外延量と内包量に分類されることもある。

(2) 測定とは

　測定とは，基準とする量を決めておいて，ある量を基準の量と比較し，その何倍あるかで表す。すなわち，基準の量とその何倍かで量の大きさを表す。これが数値化のアイディアである。測定においては数値化するためのアイディアに着目することが大切である。何倍という数値を測定値と呼ぶ。これは除法の包含除の見方と同じである。12個のものを3個という基準の量で測定すると，4という大きさである。そして将来的にはこれが割合の概念に発展する。

　測定の基本的態度として，単位をつくること，そして次第に小さい単位をつくり出すことも大切にしたい。特に，連続量では正確に単位のいくつ分ということは実際に起こらないことが多い。より正確に測定するために，単位を分割することへ進む。基本的には十進法に従い10等分する場合と分数のように任意の単位，例えば1/3を考える場合がある。10等分する場合には普遍単位の

構造を理解することにつながるし，小数への理解へとつながる可能性がある。同様に，任意単位を考える場合には分数の理解とのかかわりが生ずる。

(3) 量と測定の指導の段階

　量と測定の指導の段階として，直接比較，間接比較，任意単位による測定，普遍単位による測定の4段階がある。長さを例にとって考える。直接比較では2本のなわとびの端をそろえてまっすぐに伸ばして，もう一方の端の位置で長さを比較する。比べるときに一方をそろえるという基本的なアイディアがここにある。間接比較では，直接比較できない対象にある長さを別の媒介物に写し取り媒介物を用いて比較する。ここには長さの概念の抽象化の第一歩がある。あるものにある属性がそのものを離れて別のものを媒介として表現されている。例えば，机の縦の長さが紙テープという別のものの長さとしてあらわされる。次に，任意単位による測定で初めて数値化がなされる。そして単位のいくつ分という倍の概念に着目する。鉛筆の長さが消しゴムの長さ4個分，消しゴムの長さが測定のために基準量を決めるというアイディアを学ぶことが大切である。これらの量そのものに対する理解を深めながら，数値化する過程を通して，われわれが日常で用いている普遍単位を用いた測定へと至る。

41-3　量感と測定用具の選択

　日常生活や測定用具の選択のために量感を育てることが大切である。量感を育てるために1mや10cmなどの基本的な長さを実感できるようにする。同時に，身近なもののおおよその長さを知ることも大切である。自分の足のサイズ，手の親指と人差し指を開いたときのおおよその長さ，教科書の縦や横の長さなどを知っていることも必要である。

　測定する量によって測定用具が異なるのは当たり前であるが，同じ量を測定するためにも様々な用具がある。重さは天秤，ばねばかり，台ばかりなどがある。それぞれの測定用具の正しい使い方や目盛りの正しい読み方ができるようになっている必要がある。また，測定用具の適切な選択のために量感を育てる必要がある。

[研究問題41-1]
1 教科書を参考にして，長さに関して学年ごとに量と測定の指導の4段階について具体的な問題場面を調べてみよう。
2 1年生で扱うひろさ，かさの比較について調べてみよう
〈研究の指針〉
　1年生においては，直接比較，間接比較，そして任意単位による測定までが扱われる。2年生には任意単位による測定，そして3年生ではkmなどの目に見ることのできない長さを数値として扱う。直接比較から間接比較へは問題場面が直接比較できない問題場面を通して移行がなされる。間接比較から任意単位による比較においても数値化が必要な問題場面を通して移行される。新しい測定方法が扱われる場面が吟味して設定されている。
　長さの概念の抽象化をはかるための問題場面として。「机のなかにあるものを3つつなげて長いものをつくってみよう」がある。ある子供は鉛筆と筆箱を並べて長いものをつくる。長方形の教科書の辺どうしを3冊つなげて長い長さをつくる。また，教科書の頂点どうしをつなげて，長方形の対角線を利用して長いものをつくろうとすることもある。対角線を利用する場合は，長さが直線として視覚的に見えない場合である。このように，この問題場面では子供がもっている長さの概念が解決の違いとしてみられる。
　ひろさは2次元の広がりをもつ量である。広さの概念を理解する困難さは，広さがかたちに依存しないことと広さと長さとの区別がつきにくいことにある。われわれの日常経験では周の長いものが広い場合が多い。相似な図形であれば，周の長さが長い方が面積は広い。しかし一般にはそれは成り立たず，周の長さと広さは無関係である。子供に全長24 cmの針金をもたせて，3つのいろいろな形をつくらせ，それを比較させる課題において，子供は周の長さが同じなのでどのかたちも面積が等しいと判断すること場合が多くみられる（梶,1982）。このため，ひろさの概念を子供が理解するために，直接比較や任意単位による測定を具体物の比較や測定を

113

繰り返し行うことが大切である。広さを実感するために色を塗ったりする活動を行うことも考えられる。

　かさは3次元の広がりをもつ量である。日常的には，どちらのジュースが多いかを知るためには，同じコップにいれて高さを比較する。しかし，かさは本来的には長さだけでは比較できない量である。そのため，長さを用いて見かけ上比べることが困難な問題場面を設定して，任意単位による測定が多くなされる。任意単位による測定を重視することで，第5学年で指導される体積の測定における単位をつくることへつながるような指導をすることが大切となる。

〈参考文献〉
梶外志子（1982）．子供の面積と周りの長さの認識について．日本数学教育学会誌 数学教育学論究，39・40, 49-66.

4.2 長さ・重さ・時間と時刻

42-1 数学的立場からの考察

(1) 長さとその性質

長さは，線分，折れ線，ある種の曲線について定められる大きさである。長さを定めるためには，まず1つの線分Eを決め，その長さを1，すなわち単位とする。これを用いて，その他の任意の線分については，Eと比べて何倍であるかを求め，その値を線分の長さとする。折れ線の場合，各点の間の線分の長さを求め，その総和を折れ線の長さとする。曲線の場合，右図のように曲線を分割して折れ線で近似し，分割をどんどん細かくしたときに折れ線の長さが限りなく一定の値に近づくならば，その値を曲線の長さとする。

図 4.2.1

図形Fの長さを定めることができるとき，その長さは以下の性質を有する関数$\mu(F)$とみることができる。

（Ⅰ）長さは負でない実数である。
　　　$0 \leqq \mu(F)$, $\mu(\phi) = 0$
（Ⅱ）合同な2つの図形の長さは等しい。
　　　$F_1 \equiv F_2$ → $\mu(F_1) = \mu(F_2)$
（Ⅲ）単位とする線分の長さを1とする。
　　　$\mu(E) = 1$
（Ⅳ）図形を2つの部分に分割することができれば，図形の長さは，分割された2つの部分の長さの和になる。
　　　$F = F_1 \cup F_2$, $F_1 \cap F_2 = \phi$ → $\mu(F) = \mu(F_1) + \mu(F_2)$

上述の（Ⅰ）から（Ⅳ）の性質は，$\mu(F)$を面積あるいは体積としても成り立つ。このように，長さ，面積，体積は量としては異なるものの，これらの

量には共通の性質がある。長さ，面積，体積などの概念及びこれらを求めるための方法は，現代において数学的に抽象化され，「測度」という解析学などの分野において重要な役割を果たしている概念に発展してきている。『人間が「測る」ことにかけた情熱とその工夫』(上野, 2009, p.vii) の賜といえよう。

(2) **重さ**

　重さは，形や体積などもののみかけには影響されず，その物体を構成する物質によって決まる。長さと異なり，重さには視覚による直観は役立たない。重さを捉えるには，身体にかかる力の感覚をたよりにするしかない。その物体を身体から離すと重さの感覚は失われる。また，重さの計器も，天秤，ばねばかり，自動はかりなど多様であり，それらがそれぞれに特徴をもっている。なお，重さには質量と重量がある。質量はその物体に固有の量である。一方，重量はその物体に働く重力の大きさである。天秤は質量を，上皿ばかりやばねばかりは重量を，それぞれはかる計器である。ただし，小学校の段階で，質量と重量を厳密に区別して指導する必要はない。

(3) **時刻と時間**

　時刻は時の流れの中の1点を表し，時間はある時刻から別の時刻までの長さなど時の流れの長さを表している。それゆえ，時刻と時間の区別に注意をはらう必要がある。時刻や時間は日常生活において幼児期から必要とされるが，時間は子供にとって難しい概念の一つである。時間の流れは目で見ることはできないし，さかのぼることもできないためである。何らかの一様でリズムをもった運動の繰り返しから同じ時間という感覚が生ずる。このような感覚をもつことで，長さや重さと同じような考えで測定することが可能となる。

　文字盤と針の時計から時刻をよみ取ることは，目盛りが円周上に書かれ，短針と長針のよみが異なるため容易ではない。時計から時刻をよむには，以下のことを理解していなければならない。

- 時計には長針と短針があり，これらはともに同じ向きに回ること
- 長針が1回りする間に，短針は30度，一つの文字から次の文字まで動くこと

・時計の文字盤は時と分をよむときには数値が異なり，時と分を同時によむ必要があること
・単位が10進構造になっていないこと

(4)メートル法の単位と仕組み

　長さや重さなどを表す普遍単位として，我々はメートル法に基づく単位系を用いている。用いる単位系を，日本では「計量法」という法律によって，国際的には「国際単位系」というルールによって定めている。メートル法の特徴の一つは，以下の表4.2.1に示すように，基本となる単位に十進法の仕組みによって接頭語を付けることにより新しい単位を設定していることである。例えば，キロ（k）という接頭語をグラム（g）に付けてキログラム（kg）という単位をつくっている。したがって，1kg=1000gとなる。

表 4.2.1

接頭語	ミリ (m) $\frac{1}{1000}$	センチ (c) $\frac{1}{100}$	デシ (d) $\frac{1}{10}$		デカ (da) 10倍	ヘクト (h) 100倍	キロ (k) 1000倍
長さ	mm	cm		m			km
かさ	mL		dL	L			
重さ	mg			g			kg

42-2　指導の立場からの考察

(1)各学年の内容の概観

　長さ，重さ，時刻と時間に着目して，平成29年告示小学校学習指導要領（文部科学省，2018）における各学年の内容を整理すると以下のようになる。
　長さについては，様々な量の中の基本的な量として，第1学年で「長さの比較，長さの任意単位による測定」，第2学年で「長さの普遍単位による測定と単位（cm, mm, m），目的に応じた単位と測定方法の選択」，第3学年で「長さの測定と単位（km），長さの単位間の関係，計器の選択」が取り上げられている。重さについては，第3学年で「重さの比較，重さの測定と単位（g, kg, t），重さの単位間の関係，目的に応じた単位と計器の選択」が取り上げられている。時刻と時間については，第1学年で「日常生活の中での時刻」，第2学

年で「時間の単位（日，時，分）とそれらの関係」，第3学年で「時間の単位（秒），時刻と時間」が取り上げられている。

　この他にも，広さについて，第1学年で「広さの比較，広さの任意単位による測定」が取り上げられている。広さは，二次元としての広がりをもつ面の大きさである。また，かさについては，第1学年で「かさの比較，かさの任意単位による測定」，第2学年で「かさの普遍単位による測定と単位（L，dL，mL）」，第3学年で「かさの単位間の関係，目的に応じた単位と測定方法の選択」が取り上げられている。かさは，三次元の広がりをもつものの量である。身の回りにあるものの広さやかさを比べる活動などを通して，面積や体積の概念の素地として，広さやかさの大きさについての感覚を豊かにすることになる。なお，面積は第4学年から，体積は第5学年から取り上げられている。

(2) **長さや重さなど量の概念形成とその量の比べ方**

　学習指導に当たって大切にしたいことは，児童が長さや重さなどの量の概念を形成することとともに，その大きさの比べ方を見いだせるようにすることである。長さや重さなどの量の概念を形成する際には，身の回りのものの量の大きさを比べる活動が欠かせない。しかし，身の回りのものには，形をはじめ，色や材質など量以外の特徴がある。それゆえ，ものの量の大きさを比べる活動では，何の大きさを比べているのかを明確にすることが大切である。

　例えば，長さは，背丈比べやものの大きさを長さで比べるなど，児童にとってなじみのある量である。そこで，こうした児童の長さについての経験を踏まえて長さの直接比較について学習指導する。次いで，動かせないものや曲がったものなど直接比較することが困難な状況で長さを比べる工夫として間接比較を学習指導する。さらに，長さを比べる工夫として，ある具体物の長さを単位（任意単位）とし，その単位の個数でもって長さを表し，数の大きさで長さを比較することを学習指導する。最後に，人によって単位が異なることによる混乱を解消する工夫として長さの普遍単位を設けることを学習指導する。ここで留意したいことは，児童が長さの比べ方として必然性をもって，長さの間接比較，任意単位による測定，普遍単位による測定を見いだすことができるように

することである。また，単位を決めて，その単位が幾つ分あるかを調べ，その数値で量の大きさを表すという測定に係るアイディアは，以後，かさや重さ，さらには面積や体積の学習を通じて繰り返し児童が働かせうるものであることにも留意したい。

　重さの概念形成において，量の保存性を児童が理解することが大切である。ものの形を変えたときの重さや，ものをいくつかに分けたときの総量の重さは，元の重さから変わると判断する児童もいる。また，測定の前提として，身の回りのものの重さを比べる活動（直接比較）を通して，重さも長さ同様に大小を比べることができると児童が実感できるようにすることが大切である。いずれも，広さやかさの概念形成において大切なことである。なお，計器をつくり出すことについて留意したいことがある。長さの計器であるものさしを児童がつくり出すことはできる。しかし，重さの計器を児童がつくり出すことは容易ではない。せいぜい，天秤をつくり単位の重さの個数で測定することを試みる程度で，いわゆるはかりを児童がつくり出すことはできないだろう。

　時間は，長さやかさと異なり，視覚的に捉えることが難しい量である。しかし，時刻や時間は児童が日常生活を営む上で欠くことのできないものである。それゆえ，時刻を取り上げる際には日常生活と時計の表示を関連させることが大切である。また，時間を取り上げる際には，児童が模型の時計を時計の針の動きに着目しながら操作することを通して，時の流れの長さを実感できるようにすることが大切である。

(3)**量の見積もり及び目的に応じた単位と計器の選択**

　学習指導に当たっては，児童が長さや重さなどの量の大きさを，目的に応じた単位で的確に表現したり比べたりできるようにすることも大切である。また，量の大きさがどのくらいになるのかを見積もり，測定方法や計器の見通しを立てることも大切である。そのためにも，単位は必要に迫られて工夫してきたものであると児童が実感できるようにしたい。単位の工夫として，例えば，cm で測りきれない端下を測るためのより小さな単位としての mm，あるいはもっと長いものを大きな数値を用いずに簡潔に表すためのより大きな単位とし

てのmをつくることが挙げられる。なお，重さの測定は，計器の目盛りの付け方が様々であるために困難を伴う。例えば，1目盛りが1gであったり，5g, 10gであったりする計器もある。また，計器が多様であるために，測定するものに対して計器を選択することも問題として生じやすい。

目的に応じた単位を用いることに関わって，児童が単位の関係に関心をもち，その関係を統合的に考察することができるようにすることも大切である。そこで，長さ，かさ，重さ，それぞれの量の単位とその関係を考察することを通して，単位のつくり方が同じ仕組みに基づいていると，児童が徐々に気づくことができるようにする。児童は，紙パックでの1000mLとの記載や，タンクローリー車での4kLなどの表示を目にすることもあろう。目的に応じて単位を換算することができることにとどまらず，新しい単位に出合ったときに類推して量の大きさを考えることができるようにするために，メートル法の単位と仕組みを考察するのである。科学技術の進展により，今日では，マイクロ（μ：10^6分の1）やナノ（n：10^9分の1）といった微小単位や，メガ（M：10^6倍），ギガ（G：10^9倍），テラ（T：10^{12}倍）といった巨大単位も用いられている。身の回りにあるこれらの単位とその仕組みを考察することも考えられる。

(4) 量とその測定の活用

さらに，学習指導に当たっては，長さや重さなどの量とその測定の方法を，児童が日常生活に生かすことができるようにすることが大切である。例えば，本棚の一列に本をおよそ何冊入れることができるか見積もるために，ある一冊の本の背幅を基に本棚の幅の長さを測ることが考えられる。また，時刻と時間を基に，一日のすごし方の目安をつくったり，目的地に向かう計画を立てたりすることが考えられる。時刻や時間を計算によって求めることを，日常生活において必要となる場面に位置づけて学習指導することが大切である。

[研究問題42-1]
　重さの指導が長さ，かさの指導よりも困難であるといわれる理由を考

え，重さの特徴を捉えた指導を構想しなさい。

[研究問題42-2]
　「長さ，広さ，かさ，重さの指導の系統がどのようになっているか」，また，「長さ，広さ，かさ，重さの指導と，他の領域との関わりはどのようになっているか」を，学習指導要領及び教科書の記述などから具体的に調べなさい。

〈研究の指針〉
　量の中でも長さをまず取り上げる理由を考えてみるとよい。長さ，広さ，かさは，その量を視覚的に捉えることができる。一方，重さ，時間は，その量を視覚的に捉えることは難しい。また，広さや面積は二次元の広がりをもつ量であり，かさや体積は三次元の広がりをもつ量である。学習指導要領や教科書において，これらの点についてどのような配慮がなされているのかを調べるとよい。また，ピアジェらの研究などを参考にして，長さ，広さ，かさ，重さに関わってどのような問題があるのかについても同時に調べるとよい。
　さらに，量の大きさを数で表すことに関わって，領域「数と計算」での数についての学習や，領域「図形」での図形の計量としての面積や体積についての学習，領域「変化と関係」での2つの数量の割合についての学習とのつながりを調べてみるとよい。

〈参考文献〉
上野健爾（2009）『測る』，東京図書株式会社．
文部科学省（2018）『小学校学習指導要領 解説 算数』，日本文教出版．

第 5 章 変化と関係

5.1 伴って変わる 2 つの数量の関係

　事象の中から伴って変わる 2 つの数量を捉え，それらの関係に着目して問題を解決することができるようにすることが算数・数学教育全体の重要なねらいの 1 つであり，そこで働かせる考え方が関数の考えである。算数・数学教育において，核心となる考え方が「関数の考え」であるといっても過言ではない。本節では，関数の考えについて，算数科の学習における活用のねらいとその意義及び関数の考えを重視した指導のあり方を考察する。

51-1　数学的立場からの考察

　一般に，「関数 (function)」とは，ある集合からある集合への一意対応である。すなわち，2 つの集合 X と Y があり，X の任意の要素 x に対し，Y の要素 y がただ 1 つに決まるとき，この対応を集合 X から集合 Y への「写像」という。特に，集合 Y が数の集合のときに，この写像を「関数」という。また，x を「独立変数」，y を「従属変数」という。

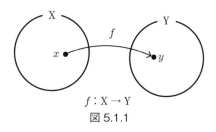

図 5.1.1

　2 つの集合 A，B がそれぞれ自然数や実数のような数の集合で，集合 A から集合 B への関数 f が与えられているとき，A を「定義域」，$f(A)$ を「値域」という。そして，直積集合 A×B の部分集合 $\{(x, y) \mid x \in A, y = f(x) \in B\}$ を f のグラフという。

51-2 指導の立場からの考察

(1) 関数の考えとは何か

上記の通り,「関数」は, 2つの集合間の一意対応の意味で使われる数学用語である。これに対し「関数の考え」は, 算数・数学科の学習において有効に働き, また問題解決において役立つ「関数」に関わるアイディアや着想をさし, より広い立場から見れば問題解決の方法の基礎である。このようなアイディア・着想を活用することに教育的な価値を認め, わが国の算数・数学教育では関数の考えが非常に重視されてきた。特に, 事象を科学的に考察・処理する能力や態度を育成するために, また算数・数学の内容についてのよりよい理解を促すために関数の考えは重視されている。関数の考えは, 次のような過程を経る。

① まず, ある数量について, 他のどんな数量と関係づけられるのかを明らかにする。つまり, ある数量を決めたときに他の数量は決まるか, その数量に伴って一定の規則に従って変化するか, といった見方に立って考察する。このように, 2つの数量や事象の間の依存関係に着目することが, 第一歩である。

② 次に, 伴って変わる2つの数量について, 対応や変化の特徴を明らかにすることへ進む。その際, 対応や変化の特徴を捉えるために, 数量の間の関係を表・グラフ・式で表したり, 逆に式で表された関係から元の数量や変化の関係を読み取ったりすることもある。こうした考察を通して, 数量の変わり方や変化の範囲に着目するなど, 2つの集合やその要素間の対応に着目する。

③ こうして, 伴って変わる2つの数量の間の関係や変化の特徴が明らかになったら, その特徴を生かして問題解決に利用する。また, このことによって, 関数の考えのよさを知ることになる。

関数の考えのよさは, 2つの数量の間の対応関係に気づき, それを用いることによって複雑な問題場面をより単純な制御しやすい数量関係に置き換えて考察し, より効率的かつ経済的に作業を行えるという点にある。また, 身の回り

の事象を理想化・単純化して，数学的に処理したり，問題場面の構造をより簡潔・明瞭・的確に捉えて問題を発展的に考察することを可能にするよさもある。

(2)関数の考えの役割

具体例を基に，関数の考えがどのように働くか考察してみよう。

> 問題：円は10本の直線によって最大いくつの領域に分けられるか。

図5.1.2

実際に4本くらいまではすぐにかけるが，5本，6本となると難しくなっていく。そこで，直線の本数と分割される領域の数を調べてみると，次のような表が得られる（表5.1.1）。

この表から，領域の数について差（階差）をとれば，1, 2, 3, 4となっていることに気づく。したがって，この後も5, 6, 7, …

表5.1.1　直線の本数と領域の数

直線の本数	0	1	2	3	4	5	6	7	8	9
領域の数	1	2	4	7	11					

と増えていくとすれば，表5-1の空欄は埋まり，10本のときは56の領域に分割されると考えられる。ただし，「5, 6, 7, …と増えていく」というのは，あくまで仮定であり，そのように増えていくという保証はまだない。そこで，直線の本数と領域の数の間にはどのような関係があるのか，その仕組みを探る必要がある。

では，直線の数が増えると，何が変化するだろうか。3本の直線が引いてある状態から，直線が1本増えたときについて考えてみよう。ゆっくりと4本目の直線を引きながら，領域が増えていく様子を観察すると，4本目の直線が元ある直線と交わるごとに新しい領域が1つ増え，それはその直線が円周と交わるまで続く。つまり，「新しい領域の数」は，新しく引く直線の「交点の個

数」に対応させて考えることができるのである。領域の個数を数える代わりに，直線と直線及び円との交点の個数に着目するのである（図5.1.3）。

では，「新しい領域の数」は，「交点の数」と具体的にどのような関係になっているだろうか。4本目の直線によってつくられる「新しい領域の数」は，3＋1＝4となる。言葉の式で表現すれば，（元ある3本の直線との交点の数）＋（円との交点の一方（の数））である。こうして，10番目の直線によって新たに増える領域の数は，9＋1＝10となる。したがって，10本の直線によって分割される領域は，0本のときの領域が1であることに注意して，$1+(1+2+3+4+5+6+7+8+9+10)=56$ ということになる。一般化すれば，n 本の直線では，$1+(1+2+\cdots+(n-1)+n)=\frac{n^2+n+2}{2}$ の領域に分割される。

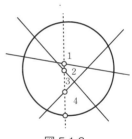

図5.1.3

図5.1.4

また，直線同士の交わり方だけが問題において本質的であるとみなせば，直線の代用として曲線を用いて考えることもできる（図5.1.4）。

以上の過程では，様々なアイディアが用いられている。直線が1本加わると，何が変わるのか（あるいは，何が変わらないのか）。「新しい領域の数」と「交点の数」にはどのような関係があるのか。問題場面の変化において本質的なものを見極め，それを保存しながらも交点の数を数えやすく工夫する。このように，直接調べたり数えたりすることが難しい数量を知りたいときに，関係のある2つの数量とその対応関係を見いだし，その関係を利用して問題を解決することが大切であり，その際に有効に働くのが関数の考えである。

［研究問題 51-1］
　上の「問題」の解決過程を関数の考えの①から③に対応させよ。
〈研究の指針〉

> 表5-1をつくって帰納的に導いている過程と，その後の過程とに分けてそれぞれに①から③を対応させてみよう。

51-3　関数の考えの指導

(1)上学年における指導

　算数科では，関数についての知識・技能を指導することをねらいとしているのではない。関数の考えが有効に働く場面での学習経験を通して，児童が各領域の内容をよりよく理解するとともに，関数の考えを活用して問題解決ができるようになることを主たるねらいとしている。上学年では，問題場面から2つの数量に着目し，その変化の様子を表や式，グラフなどに表現することによって，差や比などが一定の関係や，比例や反比例の関係を見いだし，それを活用して問題を解決することができるようにすることが大切である。比例や反比例などの知識・技能の指導に偏ることのないように注意したい。

　また，日常場面における問題解決も取り上げ，比例とみなすというような見方も養いたい。例えば，スーパーや学校で集めたペットボトルキャップの個数を知りたいとき，一つ一つ数えることは大変である。そこで，測りやすい重さに置き換えてキャップの個数を求める。このような場面では関数の考えが大いに発揮される。また，集めたペットボトルキャップは種類や形が異なるため，厳密には個数と重さは比例しない。しかし，どれも同じと考え個数と重さが比例するとみなすことによって，問題を解決することができるようになるのである。このような活動を授業に取り入れることによって，関数の考えを用いて身の回りの事象を理想化・単純化し，数学的に処理して問題を解決するよさを実感させることも大切である。

(2)他領域及び下学年における指導

　関数の考えは，比例など関数に関わる学習のみならず，算数・数学全体の学習にも大きな役割を果たす。例えば，円周の長さを知りたいときに，それと関係のありそうな直径（半径）に着目し，様々な大きさの円についてその関係を

比較する。ここでは，円周が直径（半径）によって決まるということを理解することが大切であり，そのためには「決まれば決まる」という見方をすることが欠かせない。

下学年における指導でも，関数の考えの基礎となる経験を豊かにする場面が数多くあり指導の際には十分配慮する必要がある。例えば第1学年でものの個数を数えたり比べたりするときには，ものと数詞や，ものとものを1対1に対応させている。また，第2学年で乗法九九を構成する場面でも，乗数が1ずつ増えたときの積の増え方に気づいて九九表を構成することが行われる。

このような学習場面でも，2つの数量の対応関係に目を向ける過程を大切に扱い，問題場面において変わるものと変わらないものを意図的に取り上げる等，指導者の側で意図的に関数の考えの素地指導を行う必要がある。

(3) **関数の考えの指導**

実際の指導においては，関数の考えを活用する様々な学習場面を意図的・継続的に準備し，関数の考えの役割と意義について，具体的な学習場面に即して注意深く検討しておく必要がある。授業を設計するためには，関数の考えが働く過程（前述の①～③）のそれぞれに応じて，指導の手立てを考えておくことが大切である。例えば，問題場面の提示では，児童が2つの数量の依存関係に気づくまでの過程を大切にする必要がある。そのためには，あえて一方の数量を最初は提示しないようにするという工夫などが考えられる。また，授業中の話し合いの場面では，着目した数量の変化の様子をどのように表現したのか，表や式，グラフをどのように見て2つの数量の関係を捉えたのかなど，問題の答えを導く過程で働かせる関数の考えに焦点が当たるように，発問や授業展開を工夫することが大切である。

(4) **中高への接続**

伴って変わる2つの数量の関係に関する小学校での学習は，中学1年において関数という視点から捉え直すことになる。中学1年で関数関係の意味を学習し，比例・反比例を関数として捉え直す。その後，1次関数や2乗に比例する関数，高校では2次関数，3次関数，指数・対数関数，三角関数など様々な

関数を学習し，伴って変わる2つの数量を様々な関数で捉えて問題を解決することができるようにしていく。そして微分積分では，変化の様子そのものを関数で表すために，導関数や原始関数について学習し，よりよく問題を解決できるようにするのである。このように，小学校における伴って変わる2つの数量に関する学習は，中学高校における関数を用いて問題を解決する学習につながるのである。

また，関数の考えは中学高校でも様々な場面において活用される。例えば中学では，平均を求める際に仮平均を用いる場面や，多角形の内角の和を求める際に，分割した三角形の数を数える場面などが挙げられる。高校では，傾きを辺の比で表す場面（三角比）や，関数 $y=(\log_3 x)^2-4\log_3 x+3$ の最小値を求める際に $t=\log_3 x$ と置換する場面などが挙げられる。このように，算数で学習した関数の考えは，中学高校においても活用され，算数・数学の内容を理解する際にも大いに役立つのである。算数にはその基盤を築く役割がある。

[研究問題51-2]
　比例の学習場面で関数の考えをいかに活用するかについて，教科書の導入問題を題材に，指導のあり方を考えよ。また，小・中・高の教科書を基に，変化と対応，関数の領域以外の領域において，関数の考えを用いる場面を特定し，そこでの関数の考えの働きについて考察せよ。

〈研究の指針〉
　比例については，問題場面のいくつかの構成要素（数量）に着目して，それらの間の関係を把握することによって，問題解決が進む点に着目し，指導の展開の仕方，教師の役割を考察しよう。また他領域については，「決まれば決まる」という視点で教科書を分析し，何が決まれば何が決まるのか（独立変数と従属変数は何か），その関係（関数）は何かを明らかにしてみよう。

〔研究問題51-3〕
　20世紀初頭に世界的広がりをみせた「数学教育改良運動」では，ドイツのクラインによって「関数観念の育成」を重視する主張が展開された。また，わが国では小倉金之助，佐藤良一郎らによってその重要性が主張された。関数の考えの意義について，当時の思想から我々が学ぶべき点を考察せよ。

〈参考文献〉
文部省（1973）『小学校算数指導資料　関数の考えの指導』，東京書籍.
文部科学省（2018）『小学校学習指導要領解説　算数編』，日本文教出版.
中島健三（2015）『復刻版　算数・数学教育と数学的な考え方―その進展のための考察―』，東洋館出版社.

5.2
2量の割合

52-1 数学的立場からの考察

　割合という言葉は，比例を前提ないし仮定して，二つの数量の関係を捉えたり，表現したりするときに用いられる．比例の考えは，身の回りにある諸問題を数理的に処理するのに最も単純であり，しかも利用価値の高いものであるので，比例の問題は，古代からいろいろな解法が考案されてきている．このため，比例の中に出てくる数量や関係のとらえ方に相違をきたし，それに対応して割合という言葉の意味も広く解釈されてきたのが現状である．

　いま，二種類の量 A，B に間に正比例の関係があって，一方の量 A が a_1 から a_2 になるとき，それに対応して他の量 B が b_1 から b_2 になったとする．このとき次のことがいえる．

① 一般に $\dfrac{a_2}{a_1} = \dfrac{b_2}{b_1} (= p)$ となる．

　a_2 が a_1 の p 倍になると，b_2 が b_1 の p 倍になる．このとき，$\dfrac{a_2}{a_1}$, $\dfrac{b_2}{b_1}$ はそれぞれの量の単位に無関係な数 p となる．

② 一般に $\dfrac{b_1}{a_1} = \dfrac{b_2}{a_2} (= k)$ となる．

　b の a に対する割合が一定値 k である．このとき，$\dfrac{b_1}{a_1}$ は，それぞれの量に関係する数 k となる．

　比例関係 $y = kx$ は，$k = \dfrac{b_1}{a_1}$ によって一意に定まるが，このとき，a, b が同種の量の場合，これを同種の量の割合といい，a, b が異種の量の場合，異種の量の割合と呼んでいる．

　同種の量の割合の場合，それを数学的に定式化すると比，または率となり，単位としてはパーセント（％）や歩合（割，分，厘）が用いられる．一方，異種の2量の割合は，数学的に定式化すると速さや混み具合等を数値化するアイデアとなる．この場合，$\dfrac{b_1}{a_1}$ は一方の量 A を単位量 1 にとったときの B の大きさを表すとも見られるので，「単位量あたり $\dfrac{b_1}{a_1}$」という表し方をすることもある．

第 5 章　変化と関係

52-2　指導の立場からの考察

(1) 二つの数量の関係を把握する際の差の見方と倍の見方

　ものの見方として考えると，割合（ここでは同種）は倍の見方と同義である。多くの算数の教科書が「一方の数量をもとにして他方の数量がその何倍かにあたるかを表した数を割合という」と定義していることからも明らかである。

　二つの数量を見比べた結果を我々は，差で表現する場合と倍で表現する場合とがある。ここではまず，差による関係の数値化と倍による関係の数値化について考えておこう。

① 差で関係を把握するときの数値化

　5と3の関係を差で把握するとは，どういうことだろうか．

3を基準に5を見る場合

　$5-3=2$　差は2

　3を0と見ると5は2と見られる。

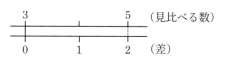

5を基準に3を見る場合

　$3-5=-2$　差は-2

　5を0と見ると3は-2と見られる。

　差で関係を把握するとは，目盛りの大きさを変えずに，基準を0とみたとき，もう一方がいくつとみられるかを表した数による関係の把握であるといえる。

② 倍で関係を把握する数値化

　3と12の関係を倍で把握するとはどういうことだろうか．

3を基準に12を見る場合

　$12\div 3=4$　　12は3の4倍

　0を0と見て3を1と見ると，

　12は4と見られる。

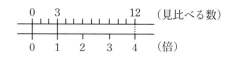

12を基準に3を見る場合

131

$3 \div 12 = \frac{1}{4}$　3 は 12 の $\frac{1}{4}$ 倍
0 を 0 と見て 12 を 1 と見ると，
3 は $\frac{1}{4}$ と見られる。

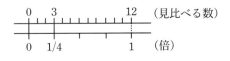

倍で関係を把握するとは，0 を 0 と見て基準とする方の数を 1 とみたとき，もう一方がどれだけにあたるかを表した数による関係の把握であるといえる．

差による数値化，倍による数値化いずれの場合も，どちらを基準とするかによって関係を表す数は変わることに留意する必要がある．

次に，実際に差や倍で関係を把握する場面について考えてみよう。例えば 12m の高さの市役所と 6m の高さの図書館があったとき，「市役所は図書館よりも 6m 高い」とも「市役所は図書館の 2 倍の高さである」ともいう。一般的には，差が小さいときはそのまま差で，差が大きくなると倍でその数量の関係を表現するようである。

二つの数量があればいつでも差でも倍でも表現するかというと，そうではない。例えば気温が 1 度から 3 度に上がったとき，「2 度上がった」とはいっても「3 倍になった」とはいわない。これは，気温が 3 倍になったからといって暖かさが 3 倍になったとはいえないからである。

(2) 二組の数量の関係同士を比較する際の倍の見方と比べ方としての割合

同種の量の割合は，数学的に定式化すると比や率となる。この率として定式化する段階での割合は，倍の見方とまったく同じとしてよいだろうか。

例えば，バスケットでシュートした場面でこれを考えてみよう。10 回投げて 7 回成功したただしさん，8 回投げて 6 回成功したあきらさんがいたとする。2 人のどちらがシュートが巧いかを比較しようとするとき，それぞれの投げた回数と成功した回数の関係を考慮〈つまりは二組の数量の関係同士を比較〉する必要性が生じてくる。というのは，2 人の投げた回数が違うので，成功した回数の 7 回と 6 回とを比べただけではその巧さを比較できないからである。

投げた回数と成功した回数の差に着目すると，ただしさんは 3 回失敗し，あきらさんは 2 回失敗したことになるが，だからといってあきらさんの方が

シュートが巧いとは結論づけがたい。なぜなら多く投げれば失敗した回数も増えると考えるのが自然であるからである。したがって，差では巧さを比較できない。

だからといって，倍の見方で，ただしさんは投げた回数の$\frac{7}{10}=0.7$倍成功し，あきらさんは投げた回数の$\frac{6}{8}=0.75$倍成功したと考え，0.7 と 0.75 を比較して，あきらさんの方がシュートが巧いと結論づけてよいのだろうか。

ものを比較する際には，基準をそろえて行う。ここでもとにしているのは，投げた回数である。投げた回数をもとに成功した回数がその何倍かと考えている（数学的には測定している）という意味においては基準をそろえていることになるが，投げた回数が異なるのに，それぞれの投げた回数を1とみて成功した回数を測定して，その結果で比較してよいのだろうか。

このように比較できるところに割合のよさがあるのだが，倍の見方で比べられると教えたとしても，子供にはそうしてよい理由がわからない。

割合とは比例を前提にした数量関係の把握の仕方である。したがって割合では，10回投げて7回成功したただしさんは，この後20回投げたら14回，…，40回投げたら28回成功することを前提にしている。もちろん8回投げて6回成功したあきらさんも40回投げたら30回成功することを前提としている。すなわち，2人のデータは一過性のものではなく，その人の巧さという普遍的意味をもつものと仮定して比較しているのである。

普遍的意味をもつと仮定すれば，投げた回数を40回にそろえ，入るはずの数の28回と30回を比べることにより，投げた回数が同じで入るはずの回数の多いあきらさんの方が巧いと確かめられる。

数学的には，ただしさんの比例定数$\frac{28}{40}=\cdots=\frac{7}{10}=0.7$とあきらさんの比例定数$\frac{30}{40}=\cdots=\frac{6}{8}=0.75$を比較しているのであり，二人のシュートの成功率を比較していることになる。

このように，投げた回数と成功した回数が比例関係にあるとして我々は，2つの数量関係を倍の見方で把握し，二組の数量関係を比較している。つまりは，比例関係を前提にした倍の見方が比べ方としての割合なのである。

(3) 割合（ここでは同種）の導入場面で配慮すべきこと

　実際の指導の際には，同じ割合を意識させることによって前提とする比例関係に気づかせることがポイントである。ここでは同種の量の割合で述べたい。
　先ほどのただしさんとあきらさんのシュートの場面で考えてみよう。子供には，「10回投げて7回成功したただしさんは，同じ巧さを保ったまま，次の10回投げたとき，何回入ると考えるべきだろうか」と問う。これらのやりとりを通して以下の表を完成させる。

成功した回数	7	14	21	28	…
投げた回数	10	20	30	40	…

｝いつも投げた数の0.7倍成功する

　子供の中には，「次の10回投げたときただしさんが7回成功するかどうかはわからない」と考える場合があろう。このときは，「では，たただしさんと同じ巧さの人は20回投げたとき何回成功する人か」等の問いかけをすることによって，上の表が最も妥当であることに気づかせたい。この前提を認めないことには割合で比較することができないのである。
　同様にして，あきらさんと同じ巧さを考えてみる。

成功した回数	6	12	18	24	30	…
投げた回数	8	16	24	32	40	…

｝いつも投げた数の0.75倍成功する

　8回投げて6回成功した人は，次の8回投げても6回成功するはずである。投げた回数が40回にそろったので成功した回数で比べることができる。つまりは，28回成功したただしさんより30回成功したあきらさんの方が巧いと判断できる。その上で表を縦に見ることにより，ただしさんと同じ巧さの人は投げた回数の0.7倍いつも成功する人であり，あきらさんと同じ巧さの人は投げた回数の0.75倍いつも成功する人であるとまとめたい。さらには，0.7や0.75はシュートの巧さを表す数であり，投げた回数と成功した回数で決まることを確認したい。

(4) 異種の二つの量の割合として捉えられる数量

　ここでは，速さや混み具合など異種の二つの数量の割合として捉えられる数量の指導について考えていこう。子供にとって速さは，これまで感覚的に捉え

てきた数量であろう。ただ，その比較はこれまでに経験してきている。この経験を元に，速さが何で決まる数量なのかを見いだしていく。

　50m走の場合，かかった時間で速さを比べる。これは道のりをそろえてかかった時間で速さを比べていることに他ならない。5分間走のような場合は，時間をそろえて，道のりの大小で速さを比べていると見ることができる。このような活動から，速さは時間と道のりという2つの数量で決まる数量であることを明らかにすることが大切である。

　次に，時間と道のりいずれもそろっていない場合，速さをどのように比べるかということを考えてみる。比較の大原則はそろえることである。時間か，道のりかのいずれかをそろえて，もう一方の数量で比較をする。このとき，どのような原理をもとにそろえているかを明らかにすることが大切である。

　数学的には，時間と道のりの比例関係をもとにそろえている。このことがよく理解できないままに速さの公式を学習した結果「時速40kmで進む車が30分で進む道のりはどれだけか」という問いに対し，30分が1時間の半分だから求める道のりは，40kmの半分であるとわからず，1200kmと誤答してしまう子供が一定数いることを報告した学力調査結果もある。

　公倍数にそろえる場合は，「この先もずっと同じ速さで進むとすると」という仮定をおき，単位量の1秒にそろえる場合は，「得られたデータについて，ずっと同じ速さで走っていたとすると」という仮定をおいて，比例関係を用いている点についても意識をさせたい。

　最終的に数値化するに当たっては，二つの数量のうちどちらを単位量にとるかによって，二通りの方法がある。例えば速さの場合，①単位時間に進む道のりで表す方法　②単位道のりを進むに要する時間で表す方法，の二つがある。②では速さが速くなれば，測定値が反比例して小さくなる。一般の測定では，量が大きくなると測定値もそれに比例して大きくなるようにしているので，速さは通常①の方法で定義している。

　このように，異種の二量の割合として捉えられる数量については，これらの量が二つの量にかかわっていること，比べるときには一方の量をそろえればよ

いこと，さらに単位量あたりの大きさを比べる方法が便利であることなどに目を向けさせていき，公式を作り上げることを通して，数学的な考え方を育てることを大切にしたい。

(5)割合で比較するときの本質

同種の量の割合にしても異種の量の割合にしても，割合で数量の関係を把握するとは，二つの数量に比例関係を仮定ないし前提としている場合である。この前提が認められる二組の数量関係を比較する場合に，それぞれの割合を求めて比較しているのである。異なる点は，同種の量の割合が一方をもとに他方の量がその何倍となっているかを求めているのに対して，異種の量の割合では一方の量の1に対応する値を求めているところである。整数同士の除法においては前者が包含除，後者が等分除と呼ばれているものである。シュートの巧さでいえば投げた回数に対する成功した割合を比較しているのであり，車の速さでいえば時間に対する移動した道のりの割合を比較しているのである。数学的解釈は異なるが，二つの数量の関係を商で表現している（数字的意味では比例定数を求めている）点が同じなのである。

[研究問題]

問　教科書等を参考にして，単位面積あたりの収穫高や人口密度についての指導の展開を述べよ。

〈研究の指針〉

一方の数量がそろえば他方の数量で比較できる場合（表を活用する段階）から，たくさんの数量を比較する場合（例えば，多数の収穫高を比較する段階）へと導き，単位量あたりの大きさを求めることのよさを実感できるように配慮して考察するとよい。

〈参考文献〉
田端輝彦，1999，「割合の指導の改善に関する一考察―前提となる比例関　係に着目した割合の意味指導―」，新しい算数・数学教育の実践を目指して，pp.122-131，東洋館出版社.
和田義信，1959，『算数科指導の科学』，pp.205-225，東洋館出版社.

第 6 章
データの活用

6.1
統計の考え

6l-1 数学的立場からの考察

(1)データの種類と表，グラフ

　統計で扱うデータには，大きく分けて「質的データ」と「量的データ」の2種類がある。質的データとは性別や血液型などのように文字情報として集められるデータであり，量的データとは身長や50m走の記録のように数値情報として集められるデータである。また，質的データでも量的データでも，時間経過に沿って集められている場合には「時系列データ」といわれることもある。データを集計する際に，男性を「0」，女性を「1」のように便宜上数値を割り当ててまとめることもあるが，数値が使われていても質的データであることに変わりはない。

　「データの活用」領域では，表や様々な統計グラフ，平均値，中央値，最頻値などの代表値について学習するが，それぞれ扱うデータの種類や目的が異なっている。第3学年や第4学年で学習する一次元の表や二次元の表は，主として質的データを項目ごとに集計してまとめるために用いられ，第6学年で学習する度数分布表は量的データの分布を捉えるために用いられる。

　第1，2学年で扱う絵グラフは質的データを項目ごとに分けて集計し，その数の大小を比較するために用いる。第3学年で扱う棒グラフは，質的データの項目についての比較や量的データの個々の値を比較するために用いられる。第4学年で扱う折れ線グラフは，時系列データについて時間経過による変化を捉えるために用いられる。教材としては主として量的データが扱われることが多い。第5学年で扱う円グラフ，帯グラフは質的データの項目ごとの割合を比較

したり，量的データの比較のために用いられる。第6学年で扱う柱状グラフ（ヒストグラム）は量的データの分布の様子を捉えるために用いられる。代表値も量的データの中心傾向を捉えるための指標として用いられる。学年ごとに異なる内容を指導するため，指導内容のつながりや系統が捉えにくい領域となっているが，扱うデータや目的に関して学年によって異なっていることや学年進行によって次第に扱うことのできるデータや分析の手法に広がりがあることを意識し指導に臨むとよい。

(2) **統計的な問題解決**

「データの活用」領域の指導においても問題解決を授業に取り入れることが望まれている。統計における問題解決については，「問題－計画－データ－分析－結論」の5段階からなるプロセスがよく紹介されている。

表6.1.1　統計的な問題解決のプロセス

問題 (Problem)	・問題の把握 ・問題設定
計画 (Plan)	・データの想定 ・収集計画
データ (Data)	・データ収集 ・表への整理
分析 (Analysis)	・グラフの作成 ・特徴や傾向の把握
結論 (Conclusion)	・結論付け ・振り返り

授業においては，目的も曖昧なままに唐突にデータを配布して表やグラフに整理させるような展開にはせず，何らかの問題を解決するという目的を設定し，そのためにデータを分析するという流れをつくることに留意する必要がある。学年が低いうちは，自ら問題を設定したりデータ収集のための計画を立てることは難しいため，教師側の配慮により，授業導入部での話題提示の仕方や授業の流れを自然と統計的な問題解決に寄せていくことが現実的である。学年が上がるにつれて可能であるようなら，児童自身が問題を設定する活動を取り

入れたり，その解決のためにどんなデータをどのように集めたらいいのかなどについて検討する機会を設けるのもよい。

> [研究問題61-1]
> 　統計的な問題解決のプロセスの中の「問題」「計画」の部分について，自分たちで具体的な例を考えなさい。題材が浮かばない場合には，「この学級では児童の忘れ物が多くて困っている」という悩みを抱えている学級を想定し，ここで設定できる統計的な「問題」とその問題に対して適切な「計画」を考えよ。
> 〈研究の指針〉
> 　統計的な問題解決のプロセスにおける「問題」とは，統計的に取り組んでいくことができるように問題を設定することである。そのため，「この学級では忘れ物が多い」ということがそのまま「問題」となるわけではない。例えば，「忘れ物について種類や曜日，男女などのデータを調べて，忘れ物のしやすさについての傾向を明らかにする」とすることで統計的な問題として設定できる。あるいは，「忘れ物が多い児童と少ない児童で生活習慣の違いについて比較し，生活の中での改善点を見つけ出す」のでもよい。それぞれの問題に応じて，集めるべきデータや集め方も変わってくるはずである。また，この例でもわかるように，「問題」のプロセスはそこだけでできるのではなく，「計画」の部分も視野に入れ，どんなデータを集めることが出来るのかを見極めないと適切には設定できない。さらにいえば，「分析」や「結論」に対する見通しも実際には必要となる。
> ※なお，このような取り組みをする際には、特定の個人が非難の対象にならないように注意する必要がある。

(3)批判的・多面的に考察すること

　統計において対象とする事象は結果の定まらない不確実な事象であるため，データを集めて分析をしても，唯一の正解が出るような問題は少ない。平均値の計算など，分析における一場面に限定すれば正解は定まるかもしれないが，

その平均値に基づきどのような結論を下すかということになると，人によって解釈や意味づけの仕方が異なり，結論が変わってくることもある。そのため，自身が分析を進めて結論を出す際には，偏った見方やデータの一部の特徴だけで判断せずに，多面的にかつ批判的に検討を加えることが大切である。簡単な例でいえば，2組の量的データを比較する際に，平均値と中央値で大小関係が異なる場合がある。平均値だけに注目し，片方のグループが大きいということは簡単であるが，中央値を考慮すると結論の妥当性には疑問が生じるだろう。安易な結論に陥らずに様々な角度からデータを分析し判断を下すことが大切である。

　また，社会における統計の利用例についていえば，情報を発信する側にとって都合のよい側面だけを一方的に提示してくる場合がある。宣伝・広告であれば意図は容易に察することができるが，新聞やニュースなど，中立であると考えがちなメディアの報告にもこのような事例は存在する。「データの活用」での学習を通じて，このような誤った情報に振り回されずに的確に判断を下す力を養いたい。

61-2　指導の立場からの考察

(1) 1年生の指導に対する留意点

　第1学年では，「数と計算」領域との重なりが大きく，基本的な数え上げと絵グラフにして比べることに主眼がある。特に，具体物を数と組み合わせる1対1対応を基本に数え上げることと，図表示で比べる際に，元の具体物の大きさが不ぞろいであって，その大きさを反映して書き写したのでは数の大小が比べにくくなってしまうため，大きさをそろえて図に表すということが大切である。

　例えば，果物の数を調べる際に，りんごやバナナ，メロンやすいかなどがあるとして，個別の大きさの違いや色の違い等は捨象し，すべてに「1」を割り当てて数値化することが数え上げの基本である。続いて絵グラフに表して比べる際にも，すいかは大きいから大きく描き，りんごは小さいから小さくするな

どしてしまうと，それぞれ並べたときに，高さと個数とが比例せずに，どの果物の個数が多いのかわかりにくくなってしまう。元の大きさによらず，それぞれの大きさをそろえることで，積み上げられた高さがそのまま個数を反映するようになり，比較が容易になる。

(2) 2年生の指導に対する留意点

第2学年では，データを通じて調べてみるという意識をもたせたい。学習において用いる手法は，第1学年とそれほど変わらず単純集計する数え上げや，○や□など抽象化された絵グラフを扱う。例えば学級内での好きな遊び調べなど児童にとって身近な題材を用いればよいのだが，はじめに児童に学級内でどれが一番人気がある遊びなのか予想をさせてみよう。多くの子供は自分が好きな遊びが学級内で一番人気があると考えるだろう。遊びに限らず，人には自身の経験や考えについて一般性があったり，他人も同様に考えているだろうと思う傾向がある。データをきちんと集めて調べてみると，当初の自分の考えが思い込みであることがわかったりする。また，批判的な考察の観点からは，自分たちの学級での結果はその範囲だけのものであり，学校全体や世の中の児童全体に当てはまる傾向ではないという認識も可能であればもたせたい。

(3) 3年生の指導に対する留意点

第3学年では，棒グラフの学習が導入される。棒グラフを導入する際には，既習事項である○や□を用いた絵グラフなどを想起させ，積み上げられた○や□を1つにつなぎ合わせて表示することでもデータの特徴を読み取ることができるということに気づかせると理解しやすくなる。また，扱う数字の大きさも大きくなることから，1目盛りを5や10など大きくすることで限られた紙面に効率的に表示する工夫についても学ばせる。また可能であれば，データを分析する際に，単純に集計して比較するのではなく，分類する観点を取り入れることで，第2学年よりも踏み込んだ分析ができるようになるとよい。例えば，好きな遊びを調べる際にも，男女の性別についても併せてデータを集めておき，男子にはこの遊びが人気があり，女子にはこの遊びが人気があるなど，属性の異なる集団を分けて分析する視点をもたせたい。これは高学年から中学校

での学習へと通じるものであり，「層別」といわれる。

(4) 4年生の指導に対する留意点

　第4学年では，折れ線グラフと二次元の表の学習が導入される。折れ線グラフは，時系列データの時間経過に伴う変化の様子を捉えるために用いられる。ほとんどの場合は，気温や降水量など量的データが教材として採用されている。折れ線グラフに表すことで，データの変化の様子を右上がり・右下がりの線という図形的性質で直観的に捉えられるようにする。

　二次元の表については，質的データが用いられることが多い。質的データについて2つの観点から整理し集計することで二次元の表はできる。例えば室内で遊ぶのと屋外で遊ぶのとどちらが好きかという調査をし，男女別で結果を整理してみると次のような表ができる。

表 6.1.2　遊びたい場所調べの男女別集計

	男子	女子	合計
室内	4	11	15
屋外	12	7	19
合計	16	18	34

　この表から，全体の傾向としては屋外で遊ぶのが好きな児童が多いことがわかるが，男女別に見ると主に男子が屋外で遊ぶのが好きな傾向が強く，女子は室内の方が好きな児童が多い。二次元の表を通じたこのような分析は，喫煙と肺がんのリスクを分析するなど因果関係の分析にも用いられる有益な手法である。

(5) 5年生の指導に対する留意点

　第5学年では，円グラフと帯グラフの学習が導入される。また，平均についても学習する。円グラフと帯グラフの学習はそれに先立つ割合の学習に基づいている。データを比較する際に，数値の大小や差だけで分析するのではなく，割合の視点を用いて分析を行った方が的確に分析できる題材や場面は多い。よく用いられている題材としては野菜等の出荷額などの量的データであるが，質的データを用いて指導することもできる。割合を用いて分析する際には，部分

－全体での比較だけでなく，部分－部分の比較なども適宜児童ができるように配慮する。

　平均については，数多くあるデータを代表する値（典型的な値）として求めるのではなく，すべてを同じ値とみなすとするといくつになるのかを求めていることから，第6学年で扱う代表値とは若干異なる部分がある。扱うデータは量的データであり，歩幅など誤差が発生するような題材を用いていることが多い。

(6) 6年生の指導に対する留意点

　第6学年では，平均値，中央値，最頻値の代表値と度数分布表，柱状グラフ（ヒストグラム）と，場合の数の学習が導入される。量的データが扱われ，ばらつきのあるデータの中から特徴や傾向を捉えることが求められる。現実の事象には不確実なものが多く，結果を確定的に予測できないものが多い。ここで扱う題材についても，データにばらつきがあることから確実な予測はできない。例えばソフトボール投げのデータを扱うとすると，今から6年生の児童1人が投げるとき，何m投げるかは誰にも予測できない。それでも第6学年のソフトボール投げのデータがあれば，おそらくどの程度の記録が出てくるかある程度の見込みは立つ。男女で記録に違いがあるはずなので，事前の分析でも男子と女子を分けて分析しておけば，当該児童が投げる際の予測の精度も上がるというのが統計における分析の基本的な考え方である。代表値はばらつきのあるデータの中心がどこにあるのかをそれぞれ示してくれる指標であり，柱状グラフは分布がどのようになっているかを図的に把握するための手法である。

　場合の数の学習については，思いつくままに場合を挙げ連ねるのでは漏れなどが生じやすいことから，きちんと整理し系統立てて数え上げていくことの大切さと方法論を学ぶ。場合の数を数え上げた後は，数が多い場合の方が起こりやすく，少ない場合の方が起こりにくいということを押さえておくと，中学校での確率の学習に通じるものとなる。

[研究問題61-2]
「データの活用」においては，各学年でどのような題材を用いて指導を行えばよいだろうか。この問題について，グループ等で議論しなさい。

〈研究の指針〉
各学年で指導する内容の特徴を勘案し，児童にとって身近で取り組みやすい題材を探してみるとよい。また題材だけでなく，問題提起の仕方や単元・授業の展開についても考慮し，統計的な問題解決のプロセスがどのように対応しているかも検討してみるとよい。

第 6 章　データの活用

6.2
データの考察

62-1　数学的立場からの考察

　統計学は，不確実な事象を対象とし，データに基づいて現象を理解し，可能な限りの合理的な判断を下すための方法論である。データは現象の観察や測定から得られるものであり，通常，様々な誤差が含まれている。また，将来の事象に関わる判断の場合には，現時点のデータを最大限利用したとしても不確実性を避けることはできない。そのような誤差を数学的に扱ったり，判断の信頼度等を数学的に評価したりするために確率論が用いられる。

(1)**記述統計に基づく推測**

　目的に応じて収集したデータを，分類整理し適切に表現した結果（記述統計）から，データの特徴を読み取るなどして推測する。次項で述べる確率モデルに基づく推測と対比し，非形式的な統計的推測（Informal Statistical Inference）と呼ばれることもある。

　個々の観測値には誤差が含まれても，大量の観測を行うと，大数の法則や中心極限定理のような規則性が現れ，不確実性を定量的に扱うことが可能となる。これらの数学的事実が，不確実な事象に対する推測を行う際の基礎をなす。ビッグデータ時代といわれる近年は，ICT の発達により大量のデータが容易に収集できるようになっており，記述統計に基づく推測の有効性や重要性が高まっている。

(2)**確率モデルに基づく推測**

　形式的な統計的推測（Formal Statistical Inference）と呼ばれ，確率モデルを設定し，その確率モデルに基づく統計的推測を行うもので，この代表的なものが「推定」「仮説検定」である。記述統計に基づく推測との違いは，推測の結論の信頼度を確率的に評価することにある。例えば，「仮説検定」では，有意水準を設定することによって，帰無仮説を棄却すると結論付ける際の妥当性を

確率的に保証する。

　ここでは，仮説検定の考え方について，次の問題場面を例に概観しておこう。「ある栄養ドリンクを飲んだ50人中34人が，疲労が回復した。このドリンクは効果があるだろうか。」条件を整えて行った結果で，疲労の回復の有無も医学的データに基づいて判定されているとしたらどうだろうか。仮に，このドリンクには何の効果もなく，疲労が回復したのも，しなかったのも単なる偶然だとしたら，「50人中34人」が回復するということはどのくらいの頻度で起こりうるのだろうか。それが滅多に起こりえないことであることがわかれば，効果があると言える。そこで，50枚の硬貨を投げ，表が出た枚数を「効果あり」として数えることを繰り返す。その結果を表やグラフに整理し，表が34枚以上になることがどのくらい起こるかを調べる。その結果が起こりやすいか否かの判断の基準として，実験結果の平均値と標準偏差 s を求め，平均値から $2s$ 離れた値を用いることも考えられる。例えば，コインを50枚投げるシミュレーションを行った結果，平均 m が24.794，標準偏差 s が3.314だったとすると $m+2s=31.422$ になり「34回」は滅多におきないことであると判断できる。

　「確率モデルに基づく推測」では，上のような実験やシミュレーションの代わりに既知の確率分布を用いる。事象によって用いるべき確率モデルは異なるため，設定する確率モデルの妥当性が疑われる場合には，得られる推測にも意味がなくなってしまうことになる。

(3)統計的機械学習

　多項目かつ大量のビッグデータから，予測や判断のためのルールを推測していくことを「学習」とし，モデルの選択や誤差の評価を含めてアルゴリズム化し，コンピュータで実行させる手法を「統計的機械学習」と呼んでいる。この技術はすでにビジネスをはじめ多くの分野で活用され，普及も急速に進んでいる。

　このような社会の中で自立的な判断や意思決定ができるようにするためには，その基盤となる統計的な推測の方法の理解が欠かせない。さらに，機械で

は代替できない，データを活用し新たな知識や価値を創造することにつながる思考力の育成を志向することが求められている。

62-2 指導の立場からの考察

⑴データの考察のねらいと働かせる数学的な見方・考え方

　算数科において扱うのは，記述統計に基づく推測である。データを分類整理するだけにとどまらず，問題解決の目的に即してデータを考察し，判断や意思決定をする資質・能力を育成することがねらいとなる。具体的には，次の3つに整理される。
- 目的に応じてデータを集めて分類整理し，適切なグラフに表したり，代表値などを求めたりするとともに，統計的な問題解決の方法について知ること
- データのもつ特徴や傾向を把握し，問題に対して自分なりの結論を出したり，その結論の妥当性について批判的に考察したりすること
- 統計的な問題解決のよさに気づき，データやその分析結果を生活や学習に活用しようとする態度を身に付けること

　これらのねらいを達成するために，6年間を見通しつつ，「日常生活の問題解決のために，データの特徴と傾向などに着目して捉え，根拠を基に筋道を立てて考えたり，統合的・発展的に考えたりする」という数学的な見方・考え方を働かせながら，知識及び技能を習得したり，思考力・判断力・表現力を育成したりすることが大切である。

⑵記述統計に基づく推測を行う上での鍵となる見方

　児童にとって身近な問題場面を設定したものの，判断の結果を伝え合うだけで，数学的な思考の深まりがないといった授業に陥ることは避けなければならない。そのためには，指導者が，記述統計に基づく推測を行う上での鍵となる見方を理解した上で，教材や授業展開を検討する必要がある。

①データを批判的に見る

　問題場面に対して十分なデータがあるか，偏ったデータや質の異なるデータが混在していないかなどと，データの総数や質について批判的に検討すること

である。分析したデータから，わかることとわからないことを判別することにも関わる重要な見方である。

なお，他の値から大きく離れた「外れ値」は除外すべき値と捉えがちだが，その背景を探ることが大事である。測定ミスや入力ミスでなければ，そこに問題発見や問題解決の手がかりがあることもあるからである。例えば，落とし物調べで，落とし物が極めて少ない学級があったとすれば，その学級の工夫を探ることで対策が見いだせる。

②データを層別する

層別とは，データを集団の特性によって分類することである。例えば，校内における児童のけがのデータを，学年や天候によって分けることである。特性の異なるデータが混ざり合っていることで生じる誤った判断を防ぐだけでなく，新たな特徴や傾向を見いだすことにもつながる。

③推測の妥当性を吟味する

記述統計に基づく推測で重要なことは，自ら行った推測の妥当性に対する吟味である。第一に，推測で想定している母集団は何で，用いたデータはその標本として適切かを検討することである。例えば，限られた条件下のデータで，過度に一般化した推測をしていないかを検討することである。

第二に，データに基づいて推測した後，データを追加したり，他の類似する集団や現象のデータと比較したりして，その推測が妥当かどうかを調べることである。得られた結論に基づく対策や行動が可能な場合は実行し，再度データを収集し，その効果を評価することも考えられる。例えば，ある年のデータで梅雨時に校内でのけがが多いことがわかったとき，その傾向が毎年見られるのか，他の学校でも見られるのかを調べたり，ある対策によりけがが減ったかどうかを，データをとり評価したりすることである。

(3) 授業づくりの視点

①統計的な問題解決のプロセス

統計的な問題解決は，次のⅰ)〜ⅴ)ように，問題-計画-データ-分析-結論の5つの相からなるプロセスを踏む。

ⅰ）身の回りの事象について，興味・関心や問題意識に基づき統計的に解決可能な問題を設定すること
ⅱ）見通しを立て，どのようなデータを，どのように集めるかについて計画を立てること
ⅲ）データを集めて分類整理すること
ⅳ）目的に応じて，観点を決めてグラフや表に表し，データの特徴や傾向をつかむこと
ⅴ）問題に対する結論をまとめるとともに，さらなる問題を見いだすこと

　ⅰ）の問題設定には 2 通りのアプローチがある。一つは，問題場面において仮説を立て，それを検証するためにデータを用いること，もう一つは，データを分析し，気づいていない「問題（点）」を見いだすことである。例えば，校内でのけがについて，前者のアプローチは，「雨の日は廊下ですべって転んだことによるけがが多いのではないか」という仮説を立て，データを基に検証するものである。後者のアプローチでは，データを時間帯や天候別に層別してみることで，「プールの授業の後に，廊下でのけがが多い」ことを発見するものである。

　ⅲ）において教師がデータを提示する場合は，どのようにして得られたデータなのかを明確に伝えることが大切である。そのことにより，結論を出す際に，データから言えることと，言えないことの線引きが可能になる。

　このような活動は，45 分の授業で完結するものではなく，単元全体を通して計画していく必要がある。ただし，低学年の児童には，統計的に解決可能な問題を設定することやデータを収集することは困難である。低学年では，統計的に扱いやすい問題を取り上げ，提示したデータの特徴を考察することを中心に行わせる。中学年から，徐々に，身近な題材から問題を設定したり，その問題に対してどのようなデータが必要かを考えたりする活動も取り入れるようにする。そして，高学年では，一連のプロセスを意識し，自分たちで問題を設定し，調査計画を立てることや，分析を通じて判断した結論についても別の観点から妥当性を検討したりする活動も扱うようにする。

②結論に関する話し合いと振り返り

　結論に関する話し合いでは，「データから読み取れること」「データを根拠として言えること」「データとは無関係なこと」の区別をしていくことが大切である。また，不確実性を伴う事象であることを踏まえ，「～の方が起こりやすい」「～になる可能性が大きい」などと表現される見方・考え方を見逃すことなく学級全体で共有し，不確実性を伴う事象における判断や推測の意味を理解させていくことが大切である。

　また，このような一連の授業の最後に，自分たちの活動を丁寧に振り返らせ，用いた統計的な見方・考え方をまとめていくこと，さらに，そのようなまとめを，学年を越えて振り返ることができるようにすることで，深い学びのある活動となる。

　なお，データの考察に関わる資質・能力は，「データの活用」領域だけではなく，他の領域，さらには他教科や総合的な学習の時間と連携させ育んでいくという姿勢も忘れないようにしたい。

[研究問題 62-1]
　学習指導要領では，各学年の「Dデータの活用」において，どのような力を養うことが目標とされているかを調べよう。そして，それらの目標が，学年ごとの内容に即してどのように具体化されるかを考察しよう。
〈研究の指針〉
　例えば，第3学年では，身の回りの事象をデータの特徴に着目して捉え，簡潔に表現したり適切に判断したりする力を養う。そのために，解決したい問題に応じて観点を定め，データを表に分類整理したり，棒グラフに表したりし特徴や傾向を捉える活動や，定めた観点によって見いだせる特徴や傾向が異なることを知る活動を行う。

[研究問題 62-2]
　統計的な問題解決のプロセス（問題－計画－データ－分析－結論）を意

識して，次の（1）（2）のいずれかの課題に取り組もう。
(1) キャラクターの顔の「かわいさ」が目の大きさや位置に影響されるか，影響されるとしたら，どのような大きさや位置がよいかをアンケート調査等を行い明らかにしよう。
(2) 総務省統計局や独立行政法人統計センターが公開している公的データなどを用いて，身近な地域の隠れた特徴を見いだし，地域活性化のためのプランなどを提案しよう。

〈研究の指針〉
　多項目からなるデータを，コンピュータなどの情報機器を用いて様々なグラフに表したり，層別したり，相関を調べたりしてみよう。

[研究問題62-3]
　統計学は本質的に帰納的な手法であり，少数の仮定（公理系と定義）から出発して，演繹的な論理を駆使して正確かつ確定的な解を導出する数学とは性格を異にしている。そのため，「データの活用」に関する学習は，算数・数学科で行う必要はないと考える人も少なからずいる。このような見解に対する自分の考えをまとめよう。

〈研究の指針〉
　統計学が数学かどうかという論点だけではなく，学校教育という営みの中で算数・数学教育が担う役割という視点からも考えてみよう。

第 7 章
算数科の学習指導計画と評価

7.1 学習指導計画

　学習指導計画として作成するものには，年間指導計画，単元の指導計画，毎時間の指導計画（学習指導案）などがある。ここでは，「なぜ学習指導計画を作成するのか」「どのようにして学習指導計画を作成したらよいのか」ということについて，基本的な考え方を示す。

71-1　学習指導計画作成の意義

　学習指導計画を作成しなくとも，45分の授業時間を行うことはできるかもしれない。しかし，綿密な計画なしに「よい授業」はできない。
　学習指導計画を作成することの意義として，次のア〜エのようなことが挙げられる。

　　ア　見通しをもって学習指導を進めることができ，その効果を高めることができる。
　　イ　あらかじめ指導内容及び指導方法を考えておくことにより，指導の重点化や内容の関連化ができ指導の効果を高めることができる。
　　ウ　指導を進めていく過程での諸問題に適切に対処できる。
　　エ　学習指導を振り返り，よりよい指導のあり方を追究していくことができる。

　このように，学習指導計画の作成は，「よい授業」さらに「よりよい授業」の実現につながる。こうした意義を踏まえて，形式的に作成するのではなく，授業とその改善にプラスになるような計画を立てるようにしたい。なお，計画は丁寧に作成したからといって，その通りに授業ができるとは限らないが，計

画と実際の授業との違いを次の指導に生かしていくことが大切である。

71-2　年間指導計画

　年間指導計画は，新年度が始まるに当たって，教師自身が1年間の授業の見通しをもつために作成するものである。例えば次の表のように，「指導の時期」「単元の配列と配当時間」「指導内容」「評価」等の計画を立てる。

月（時期）	単元（時数）	指導内容	評価	用語・記号
4　　　（12）	1, 小数　　（10）	・小数の表し方 ・小数の仕組	関知 思知	小数，小数点，$\frac{1}{10}$の位

　年間指導計画の作成に当たっては，特に次の点に留意したい。

①指導目標を設定する

　「何のために算数を教えるのか」という算数科の目標を改めて確認した上で，その学年での算数の指導目標を設定する。同じ指導内容であっても，指導目標によってその扱い方や指導方法が異なるからである。

②計画の重点を明らかにする

　学習指導要領，小学校学習指導要領解説，教科書，教科書の教師用指導書等を参考にして，また，前回行った授業の反省を生かしながら，

　「今年は特にここを丁寧に指導しよう」

　「この単元では，具体的な操作活動を重視しよう」

　などの重点を明らかにする。このことは，教師自身が1年間の授業に意欲的に取り組んでいく出発点にもなるであろう。

③評価の観点や評価方法を計画する

　子供に身に付けさせたい学力を多面的・分析的に捉え，指導過程において学力形成がなされているか，評価の観点や評価方法を，具体的，分析的，計画的に記述する。

④子供の実態や学校行事等を考慮して単元を配列する

　教科書や前年度の年間指導計画をベースにして作成することが多いが，単元を機械的に配列すればよいというものではない。①や②で検討した事柄や，子

供の実態，その年度の学校行事等を総合して単元の配列を決めて時数を配当するとともに，主な指導内容を記述する。

71-3　単元の指導計画

　各単元の指導に当たり，年間指導計画に基づいて単元の指導計画を作成する。「単元の目標」「指導内容と配当時数」「指導方法」「評価」等について，その単元全体の計画を立てる。
　単元の指導計画の作成に当たっては，特に次の点に留意したい。
①教科書の内容をしっかり把握する
　教科書は，その単元での指導内容や指導の順序などを十分に検討して編集されている。教科書の教師用指導書も活用しながら，単元全体の教科書の内容を把握することが大切である。
　なお，教科書によって指導内容や指導の順序に違いが見られることも多い。複数の教科書（現在算数の教科書は6社から発行されている）を比較することは，単元の指導計画の作成とともに，毎時間の授業における教材研究としても大変有効である。
②「前後の系統」を明らかにする
　算数は系統的な学問である。その単元の前後の系統を明らかにして，見通しをもった指導を行わなければならない。何が既習内容で，それがどのように発展していくのかなどについて，その単元だけではなく，関連する学年での指導内容を教科書等で確認することが大切である。
③子供の実態に応じた時数を配当する
　教科書の教師用指導書では配当時数の目安が示されているが，子供の実態に応じて適切に配当することが必要である。例えば，既習内容が子供にどの程度定着しているのかによって，時間をかけて復習や練習をする必要もあるだろう。逆に，ある内容は軽く扱って，その時間を他に配当することもある。
　なお，平成29年改訂の学習指導要領では，数学的な見方・考え方を働かせながら資質・能力を育成すること，そして数学的な見方・考え方を成長させて

いくことを意図して，学年内，学年間の指導内容の関連に考慮した指導が大切である。

71-4 毎時間の指導計画（学習指導案）

単元の指導計画に基づいて，「学習指導案」または「指導案」と呼ばれている毎時間の指導計画を作成する。学習指導案には，「細案」と「略案」がある。研究授業などで作成される「細案」には，1単位時間の指導の流れがいろいろな観点から詳細に書かれるとともに，単元の指導計画や子供の実態なども含まれていることが多い。一方「略案」は，詳細な記述を省略して必要な事項に絞って書かれるものである。

いずれにしても，実際の指導はこの学習指導案に従って実施されることから，教師の主な発問や予想される子供の反応なども，できるだけ具体的に書くことが望ましい。参考として，「四角形の角（第5学年）」の1単位時間分の学習指導案を紹介する（表 7.1.1）。

学習指導案の形式は多様であり，決まったものはない。しかし，「本時の目標」を明記することはもちろん，「教師の指導」と「子供の学習」に関する内容と「指導上の留意点」については，何らかの形で書くことが必要である。その際，「指導」という場合には教師を主語に，「学習」という場合には子供を主語にして記述する。

また，評価に関する内容を学習指導案に書くことも多いが，その際は，「本時の目標」が達成されたかどうかを，どこで，どのように評価するのかがわかるように記述することが大切である。

学習指導案の作成に当たっては，特に次の点に留意したい。
① 「本時の目標」を十分に検討する

同じ指導内容であっても，どのような目標を設定するかによって授業は異なる。単に形式的に目標を書くのではない。また，観点別評価の観点のすべてを必ず書かなければならないということもない。その授業で子供に何を獲得させたいかという「本時の目標」を十分に検討し，それを達成するための授業の展

開を計画することが大切である。その際,1単位時間の目標をあまり多く設定せず,1つか2つに絞るとよい。

表7.1.1 学習指導案の例
(北海道教育大学釧路校:早勢裕明先生作成)

	学習の流れと教師の主な発問	予想される子供の反応	指導上の留意点
問題の把握 7分	□今日はこんな問題を考えよう **問題** どちらの四角形の「4つの角の和」が大きいだろうか。 ア □　　イ □切る→	○ノートに書きながら,問題の意味をつかむ	・問題文を板書し,アと同じ四角形をはさみで切りながらイの図を提示する
	□問題について質問がありますか □予想してみよう	○切った方のイの面は四角形なの? ○4つの角はどこ? ○アの長方形 ○切ったイの四角形 ○同じ　○わからない	・それぞれの図で,4つの角に印をつける ・直観でもよい。解決への意欲をもたせる
個人思考 3分	□まず,少し考えてみよう	○アは90°×4=360°だから切ったイの四角形が分かればよい ○分度器で測ってみよう 【関】 ○線を引いて考えてみようかな	・途中まででも,自分なりの考えや疑問点をノートに書かせる
課題の明確化 3分	□困っていることはありますか 【焦点化】 分度器を使わないで,イの四角形の「4つの角の和」を考えよう!	○分度器で測ると370°だよ 【関】 ○352°だよ。どれがあってるの? ○分度器を使わないで考えられないかな?	・およそ360°になることを確認し,課題を明確にする
個人思考 5分	□続けて考えてみよう	○三角形の時のように,ちぎって考えてみようかな 【考】 ○90°ではない2つの角が問題だな ○線を引くと,2つの三角形になるのかな	机間指導の中で考え方を取り上げる順番を構想する

156

第 7 章　算数科の学習指導計画と評価

集団解決 20分	□お互いに考えを説明し合おう □（考え方の発表後）○○さんの考え方は伝わった？（と確認する）	①「角をちぎって集める」 角をちぎって合わせると1回転の角になるから360° ②折って合わせる 折って合わせると，90°ではない△と□の角で180°になって，残りは90°の角が2つなので360° ③「三角形に分ける」 1本線を引くと2つの三角形にできるから，180°×2で360°　思	・考え方のポイントを板書（黄色）する ・自分の言葉で友達の考え方を代弁させる ・1つの考えを複数の子供に説明させる ・③の考え方は，必ず扱う
一般化	□結局どちらが大きいと言えるだろうか　【一般化】 □練習問題に挑戦してみよう どんな四角形の4つの角の和も360°なのだろうか（教科書P○○にある四角形について考える，自分の好きな形の四角形をかいて考える）	○どちらも360°で同じ ○360°になるわけを説明し合う ○三角形に分けて考えるとよい	・問題の答えを確認する ・となり同士で話し合わせる ・線を引いて三角形に分ける考え方のよさを実感させたい
まとめ・練習 7分	□今日の学習のまとめをしよう 四角形の「4つの角の和」は360°です □自分で問題をつくろう 　　　　　　　　　　【発展】	○この後どんなことをやってみたいですか	・子供に問いかけながらまとめる

② 「よい問題」を工夫する

　授業のはじめに提示する問題が授業を大きく左右する。子供の実態に応じて提示の仕方や数値を工夫することで，「よい問題」にも「悪い問題」にもなる。教科書の問題を子供になったつもりで解いて分析したり，本や雑誌等に紹介されている授業例から「よい問題」のヒントを得ることをしよう。学習意欲を高めたり，子供の思考を促すような問題の工夫は，教材研究の大事な柱である。

③数学的活動を充実させる

　資質・能力が育成されるためには，学習過程の果たす役割が極めて重要である。中央教育審議会答申で述べられているように，「事象を数理的に捉え，数学の問題を見いだし，問題を自立的，協働的に解決し，解決過程を振り返って概念を形成し

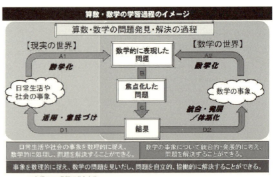

たり体系化したりする過程」として，数学的活動を充実させていくことが必要である。上図に示すように，「数学化」「問題解決」「統合・発展／体系化」「活用・意味づけ」といった学びを学習指導案の中に位置づけることが大切である。

④主な発問を記述する

　発問の良し悪しによって授業が大きく変わることが多い。「どのように考えたらよいだろうか」「○○と△△を比べてみよう」などの発問によって，子供の思考が促されたり深まったりする。また，発問が適切でなかったために，授業の流れが計画と変わってしまうこともある。学習指導案を作成する段階で，発問についても十分に検討して，主な発問については指導案の中に記述しておくとよい。

⑤「指導上の留意点」を充実させる

　よい学習指導案を作成したとしても，その通りに授業が進むとは限らない。指導案を作成する段階で，「○○の考えが出なかったら△△のようにする」「考えを取り上げる順番は□□のようにする」などの留意点を，教師の覚書のつもりで記述しておくとよい。このことは，予想外の子供の反応に柔軟に対応し，それらの反応を授業に生かしていくことにもつながる。

　このように，学習指導案は入念な準備によって作成されるものであり，労力

第7章　算数科の学習指導計画と評価

を要する。しかし，尽くせる準備があるからこそ，授業実践から多くの知見を得ることができる。また，周囲からも示唆を得やすい。授業改善に向けて外すことのできないものである。

[研究問題 71-1]
　ひとつの学年を選び，本節①で述べた「指導目標の設定」を行いなさい。
〈研究の指針〉
　「学習指導要領解説算数編」の中の「学年の目標」についての解説や，教科書の「教師用指導書」に書かれている「学年の目標」などを参考にしてまとめてみよう。

[研究問題 71-2]
　ひとつの単元を選び，71-3①で紹介した「指導内容や指導の順序」について，教科書の比較を行いなさい。
〈研究の指針〉
　例えば「わり算（第3学年）」の導入に当たっては，等分除と包含除のどちらから指導するのかということは，教科書によって異なっている。複数の教科書から比較してみよう。

[研究問題 71-3]
　「円周率（第5学年）」の1時間目の学習指導案を作成しなさい。
〈研究の指針〉
　教科書を用意し，教科書の「教師用指導書」や「学習指導要領解説算数編」なども参考にしながら，71-4①〜⑤に留意して作成しよう。

〈参考文献〉
算数科授業研究の会（2001）『算数科教育の基礎・基本』，明治図書.
文部科学省（2008）『小学校学習指導要領解説　算数編』，東洋館出版社.

7.2 学習指導法

　授業とは，教師の意図に基づく教育的な営みであり，同時に子供の実際の様子に応じて変化していくものである。ここで，教師の意図とは，授業を通して子供たちにこのように変容してほしいという，授業のねらい（本時の目標）や単元で培いたい事柄（単元の目標）に当たる。教師は，授業のねらいを念頭に置きながら，授業の中で生じる子供たちの動きをつぶさに見つめ，子供の動きに関わる情報を収集し，解釈し，様々な教授活動に生かしている。授業という営みの中で，教師は様々な学習指導やその工夫を行っている。ここでは，指導の過程，個に応じた学習指導の充実について概観する。

7.2-1　指導の過程

　小学校学習指導要領（平成29年告示）の算数科の目標では，「数学的な見方・考え方を働かせ，数学的活動を通して，数学的に考える資質・能力を次のとおり育成することを目指す。」が掲げられている。この目標に関わり，数学的活動とその実現について，「学習指導要領（平成29年告示）解説算数編」では，次のことが指摘される（pp.71-74）。

　ア　数学的活動とは，事象を数理的に捉え，算数の問題を見いだし，問題を自立的，協働的に解決する過程を遂行することである。

　イ　数学的活動においては，単に問題を解決することのみならず，問題解決の過程や結果を振り返って，得られた結果を捉え直したり，新たな問題を見いだしたりして，統合的・発展的に考察を進めることが大切である。

　ウ　「日常の事象を数理的に捉え，数学的に表現・処理し，問題を解決したり，解決の過程や結果を振り返って考えたりすること」と「算数の学習場面から問題を見いだし解決したり，解決の過程や結果を振り返って統合的・発展的に考えたりすること」の二つの問題発見・解決の過程が相

第 7 章　算数科の学習指導計画と評価

互に関わり合うこと。
エ　数学的活動は，数学を学ぶための方法であるとともに，数学的活動をすること自体を学ぶこと。

ア〜エのように，算数の授業において積極的に数学的活動を取り入れていくことが求められている。なお，小学校下学年では，数学的活動を取り入れた授業の流れとして，図 7.2.1 が提示されている。子供たちがすでに学んだ事柄や生活での経験を振り返り，授業の中での教師と子供，子供同士のやりとりを通して，

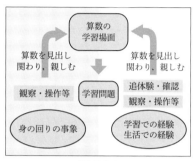

図 7.2.1

「算数の学習場面」をつくり出し，活動を通して学級全体で解決したい「学習問題」を設定する様子が示されている。また，「身の回りの事象」を観察したり，操作したりする活動を通して，「算数の学習場面」をつくり出し，「学習問題」を設定する様子も，同時に示されている。

小学校上学年等の算数学習の流れとしては，次の図 7.2.2 が提示されている。

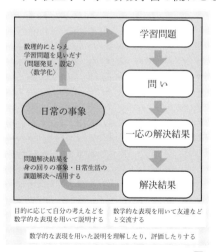
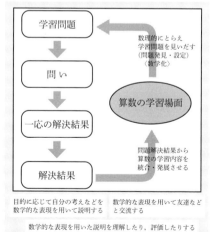

図 7.2.2

161

図 7.2.2 には，左右の図式に共通することとして，『「学習問題」，「問い」，「一応の解決結果」，「解決結果」』という流れがある。また，算数の学習場面や日常の事象から「学習問題」に移行するときに「数理的にとらえ学習問題を見いだす」という過程がある。さらに，「解決結果」から再び算数の学習場面や日常の事象に戻る際に，「問題解決結果から算数の学習内容を統合・発展させる」という過程もある。

　算数授業における指導の過程を設計し，実践する上で，図 7.2.1 や図 7.2.2 で示された，数学的活動を取り入れた学習の過程を大切にしたい。また，単なる活動ではなく，数学的に意味のある活動を取り入れる必要もある。その上で，活動を行う上で働かせた数学的な見方や考え方，活動を通して得られた事柄，活動に込められた数学的な意図や構造を子供たちが順次獲得するために，言葉による活動の対象化も大切にしたい。図 7.2.2 には，「数学的な表現を用いて友達などと交流する」や「目的に応じて自分の考えなどを数学的な表現を

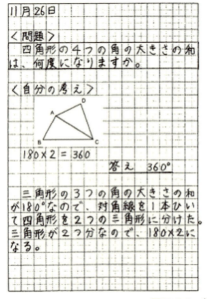 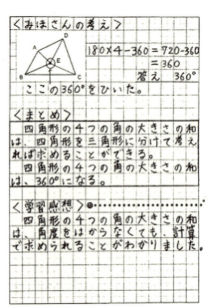

図 7.2.3　算数ノートの例

用いて説明する」といった言語活動が埋め込まれている。こうした言語活動を子供たちに促すために，ノートなどに自分の考えを書いたり，授業の中で生じた他者の考えや説明，学習感想を書くという活動も工夫して取り入れたい。

　図 7.2.2 は，小学 5 年の「四角形の 4 つの角の和」に関する授業での，算数ノートの一例である。授業における学習問題として，「四角形の 4 つの角の大きさの和は，何度になりますか」が〈問題〉として記されている。その後，〈自分の考え〉として，四角形を 2 つの三角形に分割した図，$180 \times 2 = 360$ という式，「三角形の 3 つの角の大きさの和が 180°なので」という根拠を意識した説明文が書かれている。図 7.2.2 右側では，四角形の内部の点 E を通る線分で 4 分割した〈みほさんの考え〉が記されている。さらに，〈まとめ〉として「四角形の 4 つの角の大きさの和は，四角形を三角形に分けて考えれば求めることができる。」や，〈学習感想〉が記されている。

　ノートなどに子供が自分の考えを書くことは，問題に対する自分の考えを進めたり，自分の考えを整理したり，わからないところを発見したりする上で有効である。他者と話し合う上でも，ノートなどに書いたものを基にして，お互いに意見交換をすることもできる。また，学習の履歴としても自分のノートを振り返ることもできる。さらに，算数のノートと算数の教科書等をうまく利用すると，学校の授業と家庭学習との往還による効果的な学習も可能となる。

　ただし，子供の算数のノート等への記載については，個人差や学年進行による違いもあるため，配慮が必要である。

　教師にとっても，子供のノートは重要なフィードバックをもたらす。例えば，子供がノートに書いた〈まとめ〉と，想定していた「授業のねらい」との対比は，授業を振り返る契機を教師に与える。また，子供の書いた〈学習感想〉の中には，次の授業づくりに生きる着想があったり，授業に対する率直な声や子供からの評価もある。また，授業の中で黒板に書いたこと（板書）を，子供たちはそのままノートに写そうとする傾向もある。そうした傾向を踏まえ，1 時間の算数授業を通して何を板書し，どこを強調するのか等，教師側における指導の改善も必要となる。なお，板書には様々なスタイルがあり，教師

のもつ授業観が反映されている。子供たちとつくり出す算数授業の中で，最適な板書を模索していけばよい。ただし，ユニバーサルデザインの視点を踏まえ，子供にとっての見やすさやわかりやすさの視点を取り入れる必要がある。

算数の授業の中で，『「学習問題」，「問い」，「一応の解決結果」，「解決結果」』を基にした図 7.2.2 の流れを促す上で，授業の中で子供のもつ「問い」の役割に注目する必要がある。岡本（2014）は，「問い」の意義や働きとして，次の点などを例示している。

- 個人的なるものとしての「問い」には，普遍的なるもののパラダイムがある。
- 「問い」は，組織としての学習活動を活性化させる。
- 「問う」ことは，より上位の価値の実現に向かう学習を促す。
- 「問う」ことは，相互育成への効果的な方略になりうる。
- 「問い」を受け入れ，奨励する学習活動は他者理解の基礎をつくる。
- 「問い」を受け入れ，奨励する学習活動には，学習の質を高める価値だけでなく，精神的・道徳的な形もある。

また，岡本・両角（2008）においては，子供の「問い」を軸とした算数学習とその可能性が，実践事例を基に論じられている。算数の授業において，子供の「問い」を引き出し，その「問い」を生かして探究を行うことは，学級経営や学校の他の授業にもよい影響を与える点に留意したい。

72-2　個に応じた学習指導の充実

小学校学習指導要領（平成 29 年告示）の総則，第 4「児童の発達の支援」の 1 の（4）には，次のことが記されている。

「児童が，基礎的・基本的な知識及び技能の習得も含め，学習内容を確実に身に付けることができるよう，児童や学校の実態に応じ，個別学習やグループ別学習，繰り返し学習，学習内容の習熟の程度に応じた学習，児童の興味・関心等に応じた課題学習，補充的な学習や発展的な学習などの学習活動を取り入れることや，教師間の協力による指導体制を確保すること

など，指導方法や指導体制の工夫改善により，個に応じた指導の充実を図ること。その際，第3の1の（3）に示す情報手段や教材・教具の活用を図ること。」(P.103)

前節で述べた「指導の過程」を円滑に進めるために，算数の授業において，学習形態を工夫したり，コンピュータや電卓，教具を効果的に用いたりする必要がある。また，複数の学習形態をうまく組み合わせていくことも大事である。

例えば，『「学習問題」，「問い」，「一応の解決結果」，「解決結果」』の流れを進めるため，1時間の算数授業においても，次のように複数の学習形態を組み合わせることがある。

〔授業例1〕一斉－個別－グループ－一斉
① 教師から「学習問題」を提示する。あるいは，観察や活動を通して，クラス全体で解決したい「学習問題」を設定する。
② 「学習問題」について，個別の学習で自分の考えをもつ。その問題に対する解法を導いたり，「問い」を導く。
③ 4人1組等のグループ学習，あるいは2人1組のバズ学習において，「学習問題」に対する考えや解法，生じた「問い」などについて議論を行う。
　4人1組等の場合，ホワイトボードや画用紙にグループで考えた内容を記しながら，グループとして議論したことや生じた「問い」を記す。
④ 一斉学習の形に戻り，各グループで話し合われたことを発表する。
　それぞれの発表を比較して，共通点や相違点を確認したり，類似の考えを束ねたりしながら，授業のまとめに向かう。その授業のまとめを生かして，適用問題や練習問題を解く。

〔授業例2〕一斉－習熟の程度に応じた学習－一斉
① クラス全体で解決したいテーマの解決に向けて，難度の異なる複数の「学習問題」を設定する。なお，その複数の「学習問題」はお互いに関連し合うものとする。
② 子供が解決したい「学習問題」を選択し，その「学習問題」の解決を同じ

問題を選択した他の子供たちと一緒に解決する。
③ 再び一斉学習に戻り，お互いに「学習問題」について考え，議論したことを発表し合ったり，その共通点や類似点をまとめたりする。そのまとめを生かして，適用問題や練習問題を解く。

〔授業例1〕におけるグループ学習は，学び合いともいわれる学習活動である。算数授業においてうまく取り入れると，子供たちの学習意欲や学習効果が上がったり，他者と共に考え，新たなものを創出する活動の大切さを実感したりする等，よい面があるといわれる。また，学び合いの活動を生かした算数授業の実践の積み重ねや，その効果を実証する研究も増えてきている。ただし，学び合いの活動を促す学級や学習の規範をつくることが同時に求められる。

〔授業例2〕における習熟の程度に応じた学習は，複数の教師によるティーム・ティーチングで行われる場合が多い。また，コンピュータ等のICT機器を効果的かつ双方向で用いながら，子供の理解や学習の状況に対応させて，習熟の程度に応じて，算数の学習が展開されることもある。

[研究問題72-1]
　全国学力・学習状況調査「小学校算数B」の問題を基にして，数学的活動を取り入れた算数授業を設計しなさい。
〈研究の指針〉
　全国学力・学習状況調査「小学校算数」の報告書をよく読み，「指導の過程」の内容を意識しながら，算数授業における数学的活動について具体的に考え，どのように授業展開すればよいかをまとめてみよう。

[研究問題72-2]
　算数授業における，学び合いの活動の長所と短所をそれぞれまとめなさい。また，算数授業で学び合いを促す教師の指導のあり方についてもまとめよう。

〈研究の指針〉
　小学校で参観した複数の授業（他教科を含む）を振り返り，子供の動きの「具体」を基に，学び合い活動の長所と短所を具体的に論じてみよう。

〈参考文献〉
文部科学省（2018）『小学校学習指導要領解説算数編』，日本文教出版.
岡本光司・土屋史人（2014）『生徒の「問い」を軸とした数学授業：人間形成のための数学教育をめざして』，明治図書.
岡本光司・両角達男編（2008）『子供の「問い」を軸とした算数学習』，教育出版.
文部科学省（2018）『小学校学習指導要領解説総則編』，東洋館出版社.

7.3 算数科指導における評価

7.3-1 教育評価とは何か

　評価は人類史上，決して新しいものではない。複数の選択肢があり最も適切なものを選ばなければならないときの意思決定の際には，様々な情報を集める必要がある。その情報の値打ちを探ることが評価である。例えば，わが国の歴史上，律令制度において国学や大学で官人育成のために十日ごとに行われた旬試などは，今日的な試験による評価と共通するものである。評価は教育を含めたすべての営みにおいておよそ不可欠なものなのである。

　教育評価におけるある視座はカリキュラムの質を問うものである。教育課程や授業実践が，児童，生徒，学生にどれほどの教育成果をあげたかを評価することは，教育評価の一つである。今日行われている全国学力・学習状況調査では，わが国のカリキュラムが児童，生徒の学習を適切に保障しているかどうかをも，本来的には問われていることになる。とは言っても，算数授業においては，児童の数学的に考える資質・能力がいかに高まったかを評価することが教師の主要な役割になるであろう。

7.3-2 教育評価の歴史

　学力測定は，かつては口頭試問や面接によるものがほとんどであった。わが国においても明治5（1872）年の学制の制定以来，学校での進級試験や卒業試験は論文の筆記によるものであった。数学では定理の証明などを課したろう。

　20世紀になると米国で教育測定運動が勃発した。教育における個人差への着目や教育統計の進歩を背景としながら，教育成果の測定に自然科学的アプローチを取り入れたことが，この運動の特徴である。教育測定運動の主導者は複数いるが，特にソーンダイクが1904年『精神的社会的測定学序説』を著したのを端緒とし，多くのテストや測定用具が開発された。教育測定運動が大き

く展開した背景には，従来の面接や口頭試問では教師の主観が採点を左右し，採点が信頼のおけるものでないことが様々な研究により示されたからであった。

1930年代になると教育測定運動への批判が現れる。この批判はテストによる客観的な測定のみでは，人間の思考のすべてを捉えることができないというものである。数学的に考える資質・能力をテストのみで捉えることはできないことは，納得のいくところであろう。当時の教育学において，人間の思考を要素に分割して測定しうるとする機械論に対して，人格の全体像を捉え思考を解釈していく全体論が発展してきたことが，この批判を後押しした。なおかつ，教育測定運動への批判として，教育測定が教育の目標を反映しておらず，単に測定できる知的側面の一部しか扱っていないとの指摘を挙げることができる。

この批判は，今日的にも重要である。測定は教育の目標と関連していなければ，ほとんど意味がなく，この目標との関連という点が関わって，教育測定が教育評価へと発展するのである。教育評価は，単なる学力の測定をいうのではなく，教育目標と関連した価値規準を伴うのである。

1960年代になると教育の機会均等の要求，ブルームによる完全習得学習の登場，数学教育では活動，映像，言語・記号といった教材の表象は異なったとしても数学的構造を知的に構成させうるとするブルーナーの教育理論を有した数学教育の現代化の普及などが相まって，教育評価は多様化する。米国を中心として学力を評価するためにテストが用いられることが依然として強力であったものの，ブルーナーやディーンズの研究では，子供の知的活動そのものを分析し，考察しており，今日の子供の数学的活動を分析，解釈する評価方法の，一方での発端となっている。なお，数学教育の現代化の失敗を踏まえ，ブルーナーは共同体の文化の中での人間の成長を研究する方向に舵をとった。

1990年代からはIEA国際数学・理科教育動向調査（TIMSS），2000年代からはOECD生徒の学習到達度調査（PISA）が実施され，わが国では変動はあったとしても算数数学で比較的良好な成績を収めている。これらの国際調査は国際的な学力比較と，各国のカリキュラム評価という面も含んでいる。他方で，最近，子供の学力をテストのみでは評価し得ないという立場から，より授業実

践に埋め込まれた中での評価が提案，実施され始めている。こうした新しい評価には，ポートフォリオによる評価や形成的アセスメントがあるが，後に詳述しよう。

わが国では，大正から昭和初期，すなわち1920年代から1930年代にかけて教育測定運動が定着し，大正期には「算術的能力測定」，「算術・読方・英語・歴史・地理・理科・書方・図画等についての標準化テスト」が作成された。昭和20年代，すなわち1945年頃から，教育・産業・社会全般にわたる科学化の要求に応じテスト作成が急激に増加した。この時期は，教育測定と言うよりは教育評価を行っている時期であるものの，学力の評価を客観的テストによって行い，自然科学のように教育現象を整理することが試みられていく。

米国型の教育制度の導入直後，学力低下の実態を明らかにするために，1952年から当時の国立教育研究所が全国の小中学生に学力調査を実施し，1956年からは当時の文部省が学力調査を計画し，1961年から1966年までに全国の中学2, 3年生の全数調査として学力調査が実施された。この学力調査は過度な学力競争などが生じるなどのいくつかの批判により，5年間をもって終了したが，今日ではゆとり教育による学力低下が指摘されたことを発端とし，全国学力・学習状況調査として小学6年生，中学3年生を対象とした全数調査が復活，継続している。

テストが子供の差別化を生じさせるとの誤解もある。しかし，わが国では算数においても市販のテストによる学力評価をすることが多い。他方で，授業での子供の数学的活動を評価し，即時的にフィードバックする「見取り」という評価法が教師によって共有され，洗練されてきた。テストと「見取り」とを相補的に利用することで，数学的活動をする子供の全体像を評価することができるのであって，いずれかへの偏重はあってはならない。

73-3　評価の種類

評価を大別すると，相対的評価，絶対的評価，個人内評価という3種を一方の軸とし，診断的評価，形成的評価，総括的評価という3種を他方の軸とし

て，それらの軸を二次元表的に組み合わせたものとなる。

　相対的評価では，例えば算数のテストの得点によって，統計的方法を用い，集団の中の位置から子供を評価する。この評価の長所は，学級や学校などの集団の得点分布の中のどこにある子供が位置するのかを，できるだけ教師の主観を除きながら評価することができることである。例えば，かけ算の意味や計算に係る教育内容について上位10%の子供の集団などと，子供たちを相対的に捉えやすい。この点で現在でも算数を始め多くの教科でテストを用い，子供を評価している。短所は，相対的評価ではある子供がもっている真の学力や能力のすべてを評価し難いことにある。相対的評価の評価規準は，子供の外に設定されており，個々の子供の本来有している性格や環境などの事情を考慮しないで結果のみを評価してしまうことがある。

　絶対的評価では，ある教育目標や内容を個々の子供がどの程度，達成することができたかを評価する。例えば，ある子供が平行四辺形の面積を求めることができるかどうかという点を評価するのであれば，絶対的評価が有用である。この評価では平行四辺形の面積を求めることができるようになるために，その子供が基礎として何を理解すればよいのかを見取り，指導の手立てを講ずることになる。さらなる絶対的評価の長所は，例えば学校が算数について設定した評価規準に照合して，子供の到達度を評価することになるため，その規準を視点とした子供の学力の進歩を評価しうることである。短所は，評価規準を外的に設定し長所にもなり得ていることが，かえって子供の進歩をしばしば非主体的にしてしまう点である。外的に設定された評価規準が強制力をもち過ぎると，本来的には子供が少しずつ進歩していたとしても，それを見逃してしまう恐れがある。

　個人内評価では，ある個人において個人の進歩を評価し，外的な評価規準を設定しないし，他者との比較もしない。個人内での進歩を，絶対的に，個性的に評価する。個人内評価を横断的にする場合は，個人内での算数や他教科との成績の比較，個人内での算数の内容ごとの成績の比較などがある。個人内評価を縦断的にする場合は，ある個人の算数の学年ごとの学力の比較，学年ごとの

算数の特定の内容に係る比較，年度を通しての設定した時点でのある個人の算数の学力の比較などがある。個人内評価の長所としては，個人の進度に合わせた教材を用意する資料をうるための評価となることがある。短所としては，外的評価規準を考慮しないのであれば，個性的ではあっても，独善的な人間形成を生じさせる評価となり得ることである。個人内評価は是非とも相対的評価や絶対的評価との併用とならなければならない。

　診断的評価とは，算数の或る学習内容，例えば単元を実施する前に，子供がその内容に係るどの程度の学力をもっているかを診断する評価である。年度初めに行うテストなども算数の内容に係る診断的評価となろう。

　形成的評価とは，指導や学習過程において，各学習内容や目標を生徒が達成したかしないか，どの程度達成したか，どこにこれから新たな指導法と教材を用いて再指導すべき点を残しているか等を評価して，指導法の改善を行うとともに，子供に対しても自分の学習の進歩の実際についての情報をフィードバックして，その学習を進歩させることを目的とする評価法である（橋本，1976）。形成的評価は単元の途中や，授業中に実施されるが，今日注目されているのは授業中に行われる形成的アセスメントと呼ばれるものである。

　総括的評価とは，カリキュラムや教育計画の改善や成績決定を目的とし，ある単元全体の終了時や，学期末，学年末に行われる評価である。

73-4　ポートフォリオによる算数学力の評価

　数学教育の相互作用主義，あるいは社会的構成主義に基づく評価法の一つとしてポートフォリオによるものがある（西岡，2003）。相互作用主義，あるいは社会的構成主義とは子供が算数数学授業の中で互いに関わり合いながら自ら数学的知識を創造し共有していくという立場である。ポートフォリオによる評価は，授業に参加している子供の筆記物などの記録をファイルにとじていき，子供がそれらの記録を振り返ることにより自己評価すること，あるいは互いにファイルを見せ合いながら相互評価することである。ファイルにとじる記録物は授業で使ったシート，テスト，授業でのあらゆる配布物など，多岐にわた

る。子供はこれらの記録物によって自己評価し，自己のさらなる学習目標を定め，授業に参加していくことになる。

　教師は子供の蓄えたファイルを通して評価することができ，この評価は絶対的評価や個人内評価に相当する。子供の学習が継続的で，ポートフォリオによる評価を通して教師が子供の学習にフィードバックするのであれば，この評価は形成的評価であるとも言えよう。

73-5　算数学力の形成的アセスメント

　形成的アセスメントとは，形成的評価が発展したものである。この評価も数学教育の相互作用主義，あるいは社会的構成主義に基づく。子供と教師とが自ら進歩し，挙手をしないでも子供たちが授業で討論する風土のある，能力別でない混成型の共同体で，子供が主体的（ownership）に算数数学授業の計画段階から関わり，教師と子供が共同で達成規準と目標を掲げること，さらに，授業中に教師は子供の理解の程度を見いだし，子供にすぐにフィードバックし，授業を方向付け，子供同士が互いに学習過程や成果を共有しフィードバックし合うことが形成的アセスメントのある授業である（Clarke, 2016）。この種の授業では，授業の最後に学習の要約と振り返りがある。

　形成的アセスメントは英国や北欧で盛んに行われているけれども，相互作用のある社会的構成主義的なわが国の算数数学授業での評価に比して，決して珍しいものではない。教師の側からの形成的アセスメントは，子供の数学的活動の「見取り」とフィードバックである。ただし，形成的アセスメントでさらに力点が置かれているのは，子供が算数数学授業の計画に参画し，評価規準を決めることに関与し，「見取り」を子供同士が互いに行いフィードバックする点である。子供同士の相互作用の質を高めることは，わが国の豊かな算数数学授業でも常に改善が必要であり，形成的アセスメントとは別に独自に発展したわが国の授業文化である「見取り」も，形成的アセスメントからよい影響を受けながら発展的に充実させていく必要があろう。形成的アセスメントは，形成的評価であり，絶対的評価，個人内評価でもある。

73-6 算数の指導の立場から

わが国の算数指導における評価では，全国学力・学習状況調査やテストのような相対的評価を実施するとともに，授業での「見取り」，形成的アセスメントといった絶対的評価，個人内評価を行っている。子供の数学的活動の全体像を捉えるためには，テストによる評価と教師や子供同士の「見取り」といった評価の両方が必要であり，極端にいずれかに偏っては算数に関わる子供の全体像を見失うであろう。算数指導における評価に関わる知識を適切に教養とし，バランスよく実践することを期待したい。

[研究問題 73-1]
　2018 年に出版された「学習指導要領解説算数編」では「数学的に考える資質・能力」を 18 ページと 19 ページに要約している。これらの要約と解説算数編の他の記述，算数教科書，教科書の教師用指導書などを参考としながら，算数の単元を一つ選び絶対的評価のための評価規準を作成せよ。

〈研究の指針〉
　「数学的に考える資質・能力」は，「知識及び技能」「思考力，判断力，表現力等」「学びに向かう力，人間性等」の 3 方向から評価する。算数授業における数学的活動の質，子供同士の相互作用の質を捉えることで，この 3 方向からの評価の観点を作成することができるであろう。絶対的評価の規準は，子供が実際に知的に構成すべき算数の内容を想定して，設定することになる。

〈引用・参考文献〉
橋本重治 (1976)『新教育評価法総説』，金子書房.
西岡加名恵 (2003)『教科と総合に活かすポートフォリオ評価法―新たな評価基準の創出に向けて―』，図書文化社.
Clarke, S. 安藤輝次訳 (2016)『アクティブラーニングのための学習評価法―形成的アセスメントの実践的方法―』，関西大学出版部.

第 8 章
算数教育の研究課題

8.1
算数教育の達成度調査，国際比較について調べよう

　これまで児童生徒の学力の実態を把握するために様々な調査が実施されてきている。それらは，国際的な規模のものから，国の機関が実施する全国規模のもの，各県や市町村単位，学校単位のものまで多様である。このような調査は児童生徒の学習状況の改善への示唆を得ることを目的としている。PDCA サイクル〈Plan（計画）・Do（実施・実行）・Check（点検・評価）・Act（処置・改善）〉に照らせば，有効な Act を得るためには，Check に当たる上述のような調査だけでなく，その前提となる Plan と Do を正確に把握する必要がある。実際，後述する国際教育到達度評価学会（IEA）では，カリキュラムを，「意図した（Intended）カリキュラム」「実施した（Implemented）カリキュラム」「達成した（Attained）カリキュラム」の 3 層で捉え分析している。学習指導要領や教科書は「意図したカリキュラム」であり，教師がそれを解釈して行う授業等の諸活動は「実施したカリキュラム」，その結果として子供が獲得した内容や態度は「達成したカリキュラム」のレベルである。このことを踏まえつつ，わが国の児童生徒の学習状況の改善に関して，どのような調査により，どのような示唆が得られているかを明らかにしよう。

81-1　国内調査について調べてみよう

　国全体として児童生徒の学力や学習状況，教育課程の実施状況等を把握・分析し，それらの改善等を図ることを目的にした調査は，戦後から今日まで実施されてきた。2007 年度からは「全国学力・学習状況調査」として，小学校第 6 学年の児童及び中学校第 3 学年の生徒を対象に，国語，算数・数学（2012 年，2015 年，2018 年は理科を追加）について調査が行われている。調査問題

の出題範囲・内容は，各学校段階における各教科等の土台となる基盤的な事項に絞られている。そして，①主として「知識」に関する問題（身に付けておかなければ後の学年等の学習内容に影響を及ぼす内容や，実生活において不可欠であり常に活用できるようになっていることが望ましい知識・技能などを中心とした出題），②主として「活用」に関する問題（知識・技能等を実生活の様々な場面に活用する力や，様々な課題解決のための構想を立て実践し評価・改善する力などに関わる内容を中心とした出題）となっている。②の調査問題は，以下の観点を踏まえて作成されている。

・物事を数・量・図形などに着目して観察し的確に捉えること
・与えられた情報を分類整理したり必要なものを適切に選択したりすること
・筋道を立てて考えたり振り返って考えたりすること
・事象を数学的に解釈したり自分の考えを数学的に表現したりすること

また，それぞれの問題作成に当たり，知識・技能等が活用される状況として算数科固有の問題状況，他教科等の学習の問題状況，日常生活の問題状況が考慮されている。これまでの調査では，知識・技能が定着しているからといって，それらを活用する力が身に付いているとは限らないことなどが指摘されている。過去に実施された調査問題，その解説資料や報告書，授業アイディア例は，国立教育政策研究所のwebページで入手できる。それらを基に，どのような改善が求められているかを具体的に理解しよう。

また，上述した「全国学力・学習状況調査」の他に，1990年から1992年にかけて行われた「基礎学力調査」がある。算数の基礎学力をより具体的に捉える枠組みが提案されている。基礎学力というと知識・技能とみなしがちである。しかし，この調査では基礎学力を「学校および社会において事象を数学的に処理するのに必要不可欠で，しか

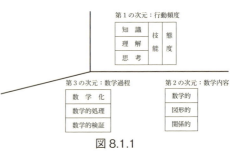

図 8.1.1

第 8 章　算数教育の研究課題

も，新しいことに対処できるような発展性を内包している能力」（中島他，1995）と定義し，図 8.1.1 の 3 次元の枠組みによって構造化している。第 1 の次元に態度を含めたこと，第 3 の次元として事象を算数の言葉に直す，証明する，類推する，一般化する，似た問題を思い出す，解決過程を振り返るなど問題解決の過程（プロセス）を位置づけたことに特徴がある。中島他（1995）を基に，この調査における「基礎学力」とは何かについて考えてみよう。

81-2　国際教育調査について調べてみよう

教育の実態を国際比較することの意義は自国の視点では見えない種々の側面が顕在化されることにより，自国の実態の特徴がより明確にかつ客観的に明らかになる点にある。時には暗黙の前提が顕在化し，その重要性あるいは問題点が確認されることもある。このことを踏まえ，国際教育到達度評価学会（IEA）による調査と経済協力開発機構（OECD）による調査について調べてみよう。

(1)国際教育到達度評価学会（IEA）

IEA は，国際的な視点から各国の教育到達度とその背景にある諸要因を明らかにすることを目的として，1960 年に設立された国際学術団体である。1964 年に第 1 回，1981 年に第 2 回の国際数学教育調査が実施された。1995 年に実施された第 3 回からは理科も調査対象に加わり，名称が Third International Mathematics and Science Study（略称：TIMSS）となった。2003 年からは Trends in International Mathematics and Science Study（略称：TIMSS）と名称が変更された。TIMSS2003, 2007, 2011, 2015 と 4 年ごとに実施されている。TIMSS2015 には，50 か国／地域が参加した。

調査問題は学校の算数で学ぶ内容である内容領域（数，図形と測定，データの表現）と児童が算数の内容に取り組んでいるときに示すと期待される行

あつこさんはひもを 12 本，丸いビーズを 40 こ，平らなビーズを 48 こ持っています。
あつこさんはひもを 1 本，丸いビーズを 10 こ，平らなビーズを 8 こ使って，1 つのブレスレットを作ります。
あつこさんは上と同じブレスレットをいくつ作ることができるでしょうか。

① 40
② 12
③ 5
④ 4

図 8.1.2

動である認知的領域(知ること,応用すること,推論すること)の2つの次元からなる枠組みで構成されている。例はTIMSS2015の小学校第4学年の児童に対する調査問題で「数―推論」の問題である。

また,上記の一連の調査では,算数数学の学習に関わる質問紙調査も同時に行われている。その結果から,日本の児童生徒には,算数数学の学習に関わる情意面に課題があることが指摘されている。例えば,TIMSS2015では,「算数の勉強は楽しいか」という設問に「強くそう思う」と回答した児童の割合は31.5%で,国際平均よりも24ポイント下回っている。この割合は中学生では15.7%で,国際平均よりも18.6ポイント下回っている。わが国の算数数学教育のレベルの高さは,教師の質の高さに支えられ,また教育課程の完成度の高さなどが主な要因として考えられるが,今後は,学力の維持向上への配慮とともに,情意面への改善に取り組む必要があろう。国立教育政策研究所のwebページで公開されている結果の概要や調査問題を基に,また国立教育政策研究所(2017)を基に,わが国の実態の特徴を具体的に理解しよう。

(2) 経済協力開発機構(OECD)

一方,学校教育で培った力を学校外へどのくらい応用できるかに焦点を当てた調査に,OECDによる学習到達度調査(Programme for International Student Assessment)(略称:PISA)がある。この調査は,特定の学校カリキュラムをどれだけ習得しているかを測るのではなく,義務教育修了段階に当たる15歳児を対象に,それまで学校や様々な生活場面で学んできたことを,将来,社会生活で直面するであろう様々な課題に活用する力がどの程度身に付いているかを測ることを目的としている。2000年に第1回調査を実施し,以降3年ごとに実施され,読解力,数学的リテラシー,科学的リテラシーが,この順にそれぞれ調査の中心分野となっている。科学的リテラシーが中心分野であった2015調査には72か国/地域が参加した。2015調査では,情報通信技術(ICT)を切り離すことができない現代社会にあって生徒の知識や技能を活用する能力を測るため,また,よりインタラクティブで多様な文脈の問題を提示するため,筆記型調査からコンピュータ使用型調査に移行された。

第 8 章　算数教育の研究課題

　数学的リテラシーとは,「様々な文脈の中で数学的に定式化し, 数学を活用し, 解釈する個人の能力のことである。それには, 数学的に推論することや, 数学的な概念・手順・事実・ツールを使って事象を記述し, 説明し, 予測することを含む。この能力は, 個人が現実世界において数学が果たす役割を認識したり, 建設的で積極的, 思慮深い市民に求められる, 十分な根拠に基づく判断や意思決定したりする助けとなるものである」と定義されている。そして, 調査問題は,「数学的なプロセス（定式化・活用・解釈）, 数学的な内容知識（変化と関係・空間と形・量・不確実性とデータ）, 文脈（個人的・職業的・社会的・科学的）の 3 つの次元からなる枠組みによって構成されている。国立教育政策研究所の web ページで公開されている結果の概要や調査問題を基に, また, 国立教育政策研究所（2016）を基に, わが国の児童生徒の実態や学校数学カリキュラムの問題点を考察するなどしてみよう。

　(1), (2) で紹介した調査は筆記やコンピューター使用等による調査であり, それぞれ児童生徒の学力の一面を切り取っているに過ぎない面もある。本節の冒頭に述べたように, 特に国際比較を行うときには, 国等の定める基準や実際に行われている授業についても検討する必要がある。また, 日本の算数数学の授業を対象とした初期の国際比較研究に, 三輪辰郎と J.P. ベッカーらの日米共同研究がある。近年では TIMSS に付随して行われた授業研究「TIMSS ビデオ研究」とこの研究の成果を踏まえて設計された「学習者の観点からみた授業研究（略称：LIPS）」がある。三輪（1992）や清水（2010）を基に, わが国の算数数学の授業の特徴を考察するなどしてみよう。

〈参考文献〉
国立教育政策研究所（2016）『生きるための知識と技能―OECD 生徒の学習到達度調査（PISA）2015 年調査国際結果報告書―』, 明石書店.
国立教育政策研究所（2017）『TIMSS2015 算数・数学教育／理科教育の国際比較―国際数学・理科教育動向調査の 2015 年調査報告書―』, 明石書店.
中島健三・清水静海・瀬沼花子・長崎栄三編著（1995）『算数の基礎学力をどうとらえるか―新世紀に生きる子供たちのために―』, 東洋館出版社.
三輪辰郎（1992）『日本とアメリカの数学的問題解決の指導』, 東洋館出版社.
清水美憲（2010）『授業を科学する―数学の授業への新しいアプローチ―』, 学文社.

8.2
国際的視点からわが国の授業研究の特徴を調べよう

8.2-1 世界に広まった授業研究（Lesson Study）

　授業研究は，わが国固有の教師文化であり，百年以上の歴史がある（Makinae, 2010）。授業研究が Lesson Study と訳されて今まさに世界中に広がっているが，その契機の一つとされるのが 1999 年に出版された J.W. スティグラー＆ J. ヒーバート著 The Teaching Gap（湊三郎訳『日本の算数・数学教育に学べ』教育出版, 2002）である。この本は TIMSS ビデオスタディの結果をまとめたもので，日米独の中学校 2 年生の数学授業が分析されその特徴が顕在化された。特に日本の授業は問題解決型の授業であり，高い評価を得た。しかし，それだけではなく，そのような良い授業の背後に授業研究があるとして，日本の授業研究が世界に紹介されたのである。一方，日本の教育文化に精通し日本語も堪能な C. ルイス先生（米国ミルズ大学）も日本の授業研究を世界に発信してきており，また，自らも米国の先生方と共にこれまで授業研究に深く関わってこられた。米国デポール大学高橋昭彦先生もシカゴを中心に活発に授業研究を推進しておられる。授業研究はこのようにまず米国で注目され試行されて（高橋, 2000），それから世界へと広がったのである。今では米国だけでなく，英国や欧州，例えば，スイス，オランダ，北欧のスウェーデンやアイスランド，またタイ，マレーシアなどのアジアの国々，ケニア・ウガンダなどのアフリカ諸国，そしてオーストラリアでも授業研究が実践されている。

　ところが，日本の先生方からすると授業研究は日常的で空気のようなものであり，改めて授業研究とは何かと聞かれると答えに窮するのである。例えば，「研究授業」という言葉があるが，これと「授業研究」の違いが明確に説明できるだろうか？　本節では授業研究とは何かを明らかにし，このことにより，授業研究の本家として自信と誇りをもって授業研究に取り組めるようにしたい。

第 8 章　算数教育の研究課題

82-2　授業研究の構成要素と構造

(1)**授業研究とワークショップの違い**

　授業研究は教師を対象にした研修と言える面もあるが，授業研究は受け身の研修とは本質的に異なる面がある。このことを明言したのは，米国ニュージャージー州で授業研究を最初に率先して導入した校長として知られる L. リプタックである。彼女はワークショップに代表される伝統的な職能研修を授業研究に対比させ，その相違点を表 8.2.1 のように整理している（Lewis, 2002, p.12 参照）。

　授業研究の特徴は，「問い」から始まる点にあり，講習会やワークショップでは主催者が用意した「答え」から始まるのである。また，学術研究の成果を実践に移すというのではなく，実践自体が研究であるという指摘こそ授業研究の本質を突くものであろう。

(2)**授業研究の構成要素**

　授業研究は，児童生徒の実態を考慮するとき，どの範囲の児童生徒を視野に入れるかで，各学校で校内研究として行われるものから，市・県などの地域型，そして全国規模のものまである。共通しているのは，すべて研究主題の設定から始まることである。研究主題の設定は授業研究を構成する要素の第一番目であり，最も重要な要素と言える。なぜなら，この研究主題の設定は，一方で教育目標を考え，他方で児童生徒の実態を見据えて教師自らが行うからであ

表 8.2.1　授業研究と伝統的ワークショップの相違点

伝統的ワークショップ	授業研究
「答え」から始まる	「問い」から始まる
外部の専門家が推進	参加者自身で推進
コミュニケーション：指導者から教師	コミュニケーション：教師同士間
指導者と学ぶ側に階層的関係	教師間の関係は互いに学び合う関係
知識・情報は研究から実践へ	実践自体が研究

(Lewis, 2002, p.12 より引用・一部修正)

る。授業研究は「問い」から出発するといわれる所以である。授業研究の第二段階は，研究主題の授業への具現化を志向する段階であり，具体的には詳細な学習指導案の作成・検討である。その実態はこれまであまり明らかにされてこなかったが，教師の協同的な活動として展開されている（藤井，2014b）。また，高橋昭彦（2006）は一般的な教育研究における研究計画書（Research Proposal）が学習指導案であるとし，そして，一般的な教育研究における「資料収集」「資料の解釈と考察」は，授業研究ではそれぞれ「研究授業参観」「研究協議会」であるとしている。このように捉えると，学習指導案と実際の授業における児童生徒の実態がずれた際に，その対応の基本姿勢が異なってくると思われる。

　第三段階の研究授業は研究主題を実際の授業で具現化する場であり，やり直しの利かない緊張感の中で行われる。まさに「教師は授業で勝負する」のである。第四段階は研究授業直後に行われる研究協議会である。研究協議会の最終段階では，指導助言が行われるが，わが国では大学教員・指導主事・教科内容に精通している校長先生などが指導助言をしており，まさに豊富な指導助言者人材バンクがあると言える。そして，第五段階は，総括と反省及びそれらを踏まえ研究紀要等の執筆である。第一段階から第五段階を図示すると図8.2.1となる（藤井，2014a, p.113）。この図からも明らかなように，研究授業は授業研究を構成する一つの要素である。

　諸外国において最も注目されている部分は，研究授業と研究協議会の公開性から，第三, 四段階である。だがそれ故に，研究授業，あるいは研究授業と研究協議会がすなわち Lesson Study であるという誤解も見いだせる。あるいは，授業を公開すれば授業研究であるという誤解も見いだせる（T.Fujii, 2014c）。

　授業研究の各段階は相互に密接に関連している。第三，四段階の研究授業と研究協議会は，その直前の第二段階の学習指導案の検討と連動している。学習指導案の質が研究授業の質と連動するからである。第四段階の研究協議会でどのような議論がなされたかも第五段階の振り返りに反映されよう。

第8章　算数教育の研究課題

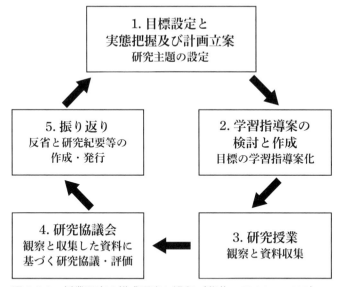

図8.2.1　授業研究の構成要素と過程（藤井，2014a, p.113）

82-3　問題解決型授業として実施される研究授業

　授業研究は，広い意味では授業を研究の対象とするものとされる（細谷他，1979）が，海外で実践されている授業研究は図8.2.1の構成要素と過程からなり，しかも，教科としてはほとんど算数・数学である。そして，そこでの研究授業は問題解決型授業である。しかし，冷静に考えてみると，授業研究を算数・数学に特化して受け入れたとしても，図8.2.1における「研究授業」はその国独自の授業の特徴が反映されていてもよく，必ずしもわが国の問題解決型授業である必要はないはずである。実際，The Teaching Gapでは，米独においてもその国ごとの授業パターンが存在することが指摘されている。しかし，実際に各国で行われている研究授業を見ると，そこではまさに日本の問題解決型授業が行われている。それだけ，問題解決型授業は魅力的なのであろう。

　問題解決型授業は，1問題の提示（問題の理解），2自力解決，3比較検討，

そして4まとめからなる授業である。問題解決型授業では，子供たちの自力解決の様相を見ることが重要である。だが，各国で実施されている研究授業を見ると，参観者が教室の後ろに立ち，授業者の行動だけを注視している場面に出会う。教師の指導技術に関心があるからである。わが国でもこの傾向が散見されるが，自力解決の段階において子供たちがどう考えているかをつかみ，それが比較検討場面でどのように取り上げられたかを見るべきである。研究協議会においても，観察者自身が観察し収集・記録した子供の様相に基づいて，それをエビデンスとして，発言すべきである。授業をどう見るかの基本を海外に的確に発信するとともにわが国においてもきちんと伝承していくべきであろう。

82-4　自己向上機能を備えた授業研究

　授業研究を経験した教師なら，成果とともに課題を認識するはずである。その課題とは，教材研究が不十分なことや子供を見る目が浅いこと等であり，単に指導技術に関することではない。そしてその課題に向けて新たな一歩を踏み出していくのである。換言すれば，授業研究は受け身の研修では全くない。図8.2.1に示すように教師自らが研究主題を決めるところから出発するので，自主的で自己向上的な活動であり，だからこそ世界から高く評価されているのである。換言すれば，世界中どこを探しても（少なくとも約20年前までは）このような自己向上機能を備えた授業研究は行われていなかったのである。それを日本は世界に発信したのである。授業研究が自己向上機能を有することを本家の日本の先生方は明確に自覚し，自信と誇りをもって授業研究を実践すべきであろう。

> [研究問題82-1]
> 　算数教育雑誌の記事や日本数学教育学会全国大会における最近の発表傾向を調べて，算数の授業研究における今日的テーマを考えよう。

> [研究問題 82-2]
> 諸外国で行われている授業研究（Lesson Study）を調べて，そこでどのような研究授業が行われ，研究授業後の研究協議会ではどのような議論がなされたか調べてみよう。

〈参考文献〉

藤井斉亮（2014a）「理論構築の萌芽領域としての算数・数学科における授業研究（2）：授業研究の構成要素と構造の特定」，日本数学教育学会第 2 回春期研究大会論文集，pp.111-118.

藤井斉亮（2014b）「授業研究における学習指導案の検討過程に関する一考察」，日本数学教育学会誌第 96 巻，第 10 号，pp.2-13.

Fujii, T. (2014c). Implementing Japanese Lesson Study in Foreign Countries: Misconceptions revealed. Mathematics Teacher Education and Development, 16(1), 65-83.

細谷俊夫，奥田真丈，河野重男編集代表（1979）『教育学事典』第 3 巻，p.333.

Lewis, C. (2002). Lesson study: A handbook of teacher-led instructional change. Philadelphia, PA: Research for Better Schools.

Makinae, N. (2010). The Origin of Lesson Study in Japan. Proceedings of the 5th East Asia Regional Conference on Mathematics Education: In Search of Excellence in Mathematics Education, Tokyo.Vol.2, 140-147.

Stigler, J. & Hiebert, J. (1999). The Teaching Gap: Best ideas from the world's teachers for improving education in the classroom. New York: The Free Press. 湊三郎訳（2002）『日本の算数・数学教育に学べ』，教育出版.

高橋昭彦（2000）「日米授業研究の現状と課題―アメリカで注目されている日本の授業研究―」，日本数学教育学会誌第 82 巻第 12 号，pp.15-21.

高橋昭彦（2006）「算数科における授業研究の類型とそれぞれの実態に関する考察―ある民間研究団体による授業研究会参加者に対する調査を通して―」，日本数学教育学会誌第 88 巻第 8 号，pp.2-14.

8.3
問題解決型の授業の意義と構成について調べよう

算数科の授業は,「導入問題」や「適用問題」のように,ある問題の解決という形をとって展開されることが多いのは周知の通りである。また,算数科や数学科の授業に関する国際比較研究の結果,日本の授業は,「台本」(スクリプト)とでも呼ばれるべき授業の流れに従って,児童の問題解決を中心に展開される特徴をもつことがわかってきた。

本節では,問題解決という形態をとって行われる授業,いわゆる問題解決型の授業について,そのような日本に固有の授業がいかに展開されるか,またそのような問題解決型の授業にどんな意義があるか,さらに授業の設計と実施における留意点は何かについて調べてみよう。

83-1 「問題解決」とは何か

「問題解決」(problem solving) とは,字義通りには「問題を解くこと」である。しかし,教育界では一定の意味を込めて用いられてきた。例えば,教育学においては,「問題解決学習」という名称の教育方法の一形態があり,これは「学習者が進んで学習問題を捉え,自らの能動思考によってこれを解明していく学習方法」(教育学辞典, p.230) といった意味で用いられる。これは,特に戦後の社会科を中心に展開された「生活単元学習」において強調された立場である。

これに対して,算数・数学教育においては,このような歴史的経緯を踏まえながらも,特に1980年代の欧米の研究・実践動向の影響も受けながら,算数・数学科における「問題解決の指導」として,独特の展開をみせてきた。

> [研究問題 83-1]
> 「問題解決学習」という考え方の背後には,ドイツの心理学(ゲシタルト学派)の「生産的思考」論や,アメリカの教育哲学者 J. デューイの「反

省的思考」論などがある。このような「問題解決学習」の理論的背景について，調べてみよう。[1]

83-2　問題と課題

　教科書に掲載されている導入問題や練習問題，あるいは教師が板書した問題に児童が取り組む様子を見て，「児童が問題を考えている」とわれわれはいう。しかし，児童のどのような状態を，「問題を考えている」状態であるというのであろうか。そもそも「問題」の意味するものは何であろうか。

　問題解決の指導では，ある問題が，それに直面している児童にとっての真の「問題」になっているかどうかが非常に重要である。一般的には，ある状況が次のような条件を満たす場合に，それが問題となる。

(a) ある状況に当面する者に，目標を達成したいという願望や必要感があり
(b) その目標がただちには達成できない障害や困難さがあり
(c) その障害や困難さを解消して目標を達成しようと努力がなされる

　これらの条件が意味するのは，ある問題が真の「問題」になるかどうかは，それに直面する個人によるということである。算数教育の研究・実践では，教師が児童に提示する課題（task）と，児童が問題意識をもって受け止めたものとしての「問題」（problem）を区別することもある。

　ある児童にとって真の「問題」であっても，別の児童にとっては，単に教師が提示した「課題」のレベルに止まっているかもしれないのである。また，その課題が，授業のねらいを達成するのにふさわしいものであるか，学習者の実態からみて適切なものになっているかなども大切な検討事項である。教師は，児童がその問題を解きたくなるほど十分魅力的に提示しなければならない。

[研究問題 83-2]
　教師が児童に提示する課題（task）と，児童にとっての真の「問題」（problem）が，どのような点で異なり得るかについて，具体的な課題を

取り上げて調べてみよう。

83-3 問題解決の過程

　算数・数学教育における近年の問題解決の研究は，ポリア（G. Polya 1887-1985）の「発見法（ヒューリスティックス）」の研究を基礎として行われてきた。この「発見法」は，しばしばみられる「問題解決のパターン」を，広い範囲の問題に通用する方法（「ストラテジー」）として定式化し，同じような問題を解く際に有効に利用しようとする立場に立つ研究である。

　この発見法に関するポリアの成果は，著書『いかにして問題を解くか』に示された，問題解決の4つの相の区分と，その区分に沿って配置された問題解決の方針のリストに代表される。この区分は，問題解決過程の一般的な記述であり，「問題の理解」，「計画の考案」，「計画の実行」，「振り返ること」からなる。実際の問題解決過程は，必ずしもこの順番通りに進むわけではないが，問題解決という活動をこのように区分して考えることによって，この活動において重要な行為やその局面が明らかになるのである。

[研究問題83-3]
　ポリアの著作で示された問題解決の4つの相の区分のそれぞれについて，具体的な問題を解いて，自分の問題解決過程と比べてみよう。また，ポリアが示した助言を調べ，問題解決過程に即して整理してみよう。[2)][3)]

83-4 問題解決型授業のねらい

　算数科における問題解決型の授業は，問題解決をどのように位置づけるかによって，1.指導目標，2.指導内容，そして，3.指導方法という3つの立場から捉えることができ，それらをそれぞれ次のように表現することができる。

　1. 問題解決のための指導（目標として）

2. 問題解決についての指導（内容として）
3. 問題解決による指導（方法として）

この3つの立場は，ある算数科の内容について問題解決型の指導を行う場合には，実際には互いに重複したり，関連し合ったりしている。すなわち，あるときはいずれかの立場が特に強調され，すべての立場を踏まえて指導が行われることもある。

> [研究問題83-4]
> 日本数学教育学会誌「算数教育」などの算数教育関連雑誌に報告されている問題解決の指導の実践記録を，上記のような3つの立場から捉えてみよう。

83-5　問題解決型の授業の展開と教師の役割

問題解決は，基本的には個人あるいはグループで行われる活動である。この活動が授業に取り入れられると，教師と児童の集団からなる教室全体の活動と，個人あるいはグループによる活動とがどのように関わって授業が進められるかが問題になる。その授業の進み具合によって，教師の役割も変わるはずだからである。問題解決型の授業の展開は，例えば次のような過程を経るが，教師の教授行動もそれぞれの過程で異なるのである。

- 教師による課題（問題）の提示
- 個人やグループでの児童の問題の解決
- 解決方法と結果の検討
- まとめ，および発展・適用

> [研究問題83-5]
> ある指導学年と指導内容を決めて，上のような問題解決型の指導がどのように進められるかを，指導案の形で具体的に構想してみよう。その際，

> 特に「予想される児童の反応」に注意して作業を進めよう。

1990年代には，授業の国際比較研究が盛んに行われ，この国際比較研究によって，日本の授業の特徴が様々な観点から明らかにされてきた。そのような研究で注目されたのは，ドイツ・アメリカ等の他国とは異なった様相を示すとみられる日本の授業の特徴である。そのなかには，日本の授業の展開に典型的にみられる次のような型（「パターン」）がある。

J1：前時の授業の見直し
J2：今日の問題の提示
J3：生徒が個人か集団で問題に取り組む
J4：解決方法を議論する
J5：要点の強調とまとめ

[研究問題83-6]
　このような授業展開のそれぞれの段階で児童が行う活動と，それに対して教師がとるべき教授行動を明らかにしよう。特に，それぞれの段階で，教師はどのような点に留意して指導に当たるべきか考えてみよう。[4)][5)]

83-6　オープンエンドアプローチと問題づくり

算数科では，指導において常に教師が問題を提示するということへの反省から，問題に対する解答が1つに定まらないような問題（オープンな問題）を用いた指導方法（「オープンエンドアプローチ」）や，児童自身に問題を設定させたり，解いた問題を手がかりに，それを発展させた新しい問題をつくったりする活動（「問題づくり」）が取り入れられることがある。これらの指導方法では，児童の意欲が高まり，高次の思考活動が展開されることが予想される。その一方で，教師の側の深い教材研究と，問題に対する児童の反応の予想と個々の反応に対する教師の手だての工夫など，十分な準備が必要となる。実際，

「オープンエンドアプローチでは，解決方法が複数見出されるに止まらず，問題に対する解答が複数提示されることになる。また，「問題づくり」の授業では，教師の予想を超えた問題を児童がつくることもありうるのである。それゆえ，このような活動を授業のねらいに適切に位置づけることが課題となる。

[研究問題8З-7]
　オープンエンドの問題を用いた指導はどのように行われるかについて，下記の文献で「おはじきのちらばりの問題」や「水槽の問題」などの場合に調べよう。さらに，解き終わった問題について解決方法や結果を振り返り，新しい問題を作る活動をどのように展開できるか，具体的な題材で調べてみよう。[6][7]

〈引用・参考文献〉
1) 梅根悟（1977）『梅根悟教育著作選集7　問題解決学習』，明治図書.
2) G. ポリア，柿内賢信訳（1973）『いかにして問題を解くか』(第二版)，丸善.
3) G. ポリア，柴垣和三雄・金山靖夫訳（1981）『数学の問題の発見的解き方』第1巻・第2巻，みすず書房.
4) J. W. スティグラー＆J. ヒーバート，湊三郎訳（2002）『日本の算数・数学教育に学べ－米国が注目するjugyou kenkyuu－』，教育出版.
5) 清水美憲編著（2010）『授業を科学する―数学の授業への新しいアプローチ』，学文社.
6) 島田茂編著（1995）『算数・数学科のオープンエンドアプローチ―授業改善への新しい提案―』東洋館出版社，1995年,
7) 竹内芳男・沢田利夫（1984）『問題から問題へ』，東洋館出版社.

8.4
子供の発達段階を踏まえた学習指導について調べよう

　以前，小学校1年の授業を見せていただいた際に次のような場面に遭遇した。子供たちは繰り上がりのあるたし算の学習に取り組んでいた。少し苦労していたある男の子も，下図のようなブロックとケースについての操作を先生と一緒にやっているうちに，一人で操作をして計算することができるようになっていった。

　そこで，次の段階として先生はブロックを用いずに計算をしてみるよう促した。問題はブロックを用いて計算をしたのと同じような問題ばかりであった。しかし，その男の子は「こんなの解けるはずがない！」と言って，あきらめてしまった。

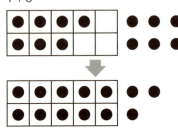

図 8.4.1

　ブロックやそのケースを操作する状況では，被加数の補数がブロックの空いた部分として自然に現れ，それが加数から取り分けるべき個数も示していた。そしてそれにより繰り上がりのたし算が可能となっていた。しかしブロックとケースが使えなくなると，10が7と3であるとか6が3と3であるといった「いくつといくつ」についての算数の知識だけを頼りに数の操作をすること，さらに「7+6」の式だけを見てその知識を想起することが求められる。少なくともこの男の子にとってはこの2つのことが大きく異なるものであった。

　この例は，見た目を頼りに状況に対応できることと，算数としてはそれと同等の操作であっても，算数の知識だけを頼りに対応することは，私たちが予想する以上に子供たちにとって大きな段差となりうることを示唆している。そして算数の知識に関わることだけに，年齢段階によりできる／できないが決まるよりも，考えている学習内容に対する理解の仕方に関わる段階と考えられる。

84-1 長方形とながしかく

4年生では長方形に関わり以下のような児童の様子が見られた。その時間は伴って変わる量の学習の一部として周の長さが24 cm

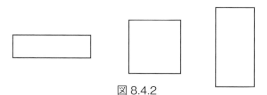

図 8.4.2

の長方形をいろいろ考え，それぞれの面積を比較していた。その中で1辺が6 cm の正方形のときに面積が一番大きくなることには気づいたものの，この正方形を長方形と呼ぶことに対して反対する声が多くあがった。子供たちはもちろん2年生のときに長方形と正方形の定義は学習している。

確かに子供たちは図形の包含関係を学習していないので，正方形が長方形であることを知らなくてもしかたなかった。しかし，長方形の定義という算数的なきまりごとに従って考えるならば，正方形も4つの角がすべて直角なので，長方形であると判断できるはずである。上の児童の反応は，こうした算数の知識に沿った判断が必ずしも容易ではないことを示唆している。

子供たちは定義よりも概形の見た目に基づいた判断を優先している。つまり縦方向か横方向に長い「ながしかく」は「ましかく」とは異なる四角形と判断したものと考えられる。定義を学習したからといってすぐにその算数の知識が主導権をもつわけではなく，見た目の影響が大きい段階がありそうである。

> [研究問題 84-1]
> 三角形かどうかを定義に基づいて判断せず，経験に基づき見た目で判断した場合に，どのようなことが生じるかを予想してみよう。

82-2 2つの段階の違い

もう一つ関連しそうな例を考えてみよう。算数で長さを学習する前の子供で

あっても，新しい鉛筆と半分ほど使った鉛筆のどちらが長いかは，目で見て判断ができるであろう。しかしノートの厚さのように長さがかなり短い場合や，花瓶の水面の高さのように長さを見るための直線的な部分がない場合には，長さを感じにくい可能性がある。これに対し，算数の学習において間接比較の考え方として紙テープや

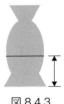

図 8.4.3

ひもで長さを測りとることを意識するようになれば，ノートの厚さや水面の高さについてもテープやひもを媒介として長さを見いだすことができる。さらに長さの単位を学習し，その幾つ分かにより長さを表せることを学習すれば，数の学習の助けも借りながら，単位の 1000 億倍となる非常に長い長さや，単位の 1000 億分の 1 倍となる非常に短い長さでも考えたり議論したりすることが可能となる。

　これらの事例から少なくとも 2 つの段階が想定できる。最初の段階では感覚を頼りにしながらある程度は状況に対応ができるが，感覚では対応が難しい状況になると適切に対応できなくなってしまう。これに対し後の段階では，感覚に頼れない状況でも算数の知識を利用して対応できるようになっている。また前者と後者の違いは，その領域の算数の知識を利用することに関わっていることから，後者への移行は算数の学習により促進されると考えられ，したがってある児童がどちらの段階にいるかは領域によって異なる可能性もある。

　2 つの段階の間の移行を考えるには，オランダの研究者であるファン・ヒーレの思考水準が参考になる。彼は図形の理解について次のような水準を区別している。第 1 水準では図形を目で見た概形により捉えている。第 2 水準では，目で見た形が様々な性質を伴うとして捉えており，図形は「性質の運搬者」とされる。そして第 3 水準では図形は定義によって捉えられる。先の 4 年生は長方形の定義を学んだものの，実際には第 2 水準のような見た目という感覚の影響を受ける段階にとどまっていたと推測される。第 3 水準のような算数の知識が主導権をもち，それに沿って考えられる段階になるためには，第 2 水準で捉えているいろいろな性質について振り返り，それらの関係を考えることが大

切だとされている。例えば四角形で4つの角を直角にすると、自然に向かい合う辺が等しいとか平行になるといった長方形の他の性質も成り立ってしまうことを観察することで、4つの角が直角という性質の重要さが浮き彫りとなり、定義の理解を支えることになる。

冒頭の1年生のたし算の場合も、ブロックの操作を実況中継のように言葉にし、ケースの空いた部分に反応した操作では感覚的に捉えていた10や7, 6の性質を意識したり、関連付けたりすることが重要である（磯野, 2008）。長さの学習で比べ方を考え、検討することは、長さについて感覚的に捉えていることを意識することにつながる。このように子供たちの操作を支えている彼らの気づきを振り返ったり言葉にしたりして意識化することが、算数の知識を頼りに対応できる段階へと移行する上で重要と考えられている（小原, 1999）。

> [研究問題 84-2]
> 算数の教科書で子供たちの操作により学習内容についての性質や特徴を見いださせる場面において、見いだした性質や特徴を意識化するためにどのような活動が取り入れられているかを考察しなさい。

82-3 移行の難しさ

先の4年生が長方形や正方形の定義を学習していながら正方形を長方形とはみなせなかったことは、算数の知識を学習しただけでは、その知識を頼りに対応できる段階へ移行するとは限らないことを示唆している。

算数の知識を頼りに反応できる段階では、7個のブロックをケースに入れたら3個空いていると状況を記述するのではなく「10は7と3"だから"10にするにはあと3必要だ」と考えたり、この四角形では角がすべて直角で、向かい合う辺は平行で長さも等しくなっていると記述するのではなく「すべての角が直角"だから"この四角形は長方形だ」と考えたり、長さに当たる直線部分にテープを当てたらこれくらいだったと記述するのではなく「テープで測りと

ることができるの"だから"これも長さだ」と考える必要がある。つまり，感覚で捉えた性質を報告・記述する代わりに，性質の振り返りから生まれた算数の知識を根拠として判断をするという思考の流れへと変わる必要がある。これができないと，正方形を見たときに「確かに4つの角は直角だけど，見た目が違うから」となり，算数の知識を頼りに対応できる段階には至らない。

感覚的に捉えた性質を意識し算数の知識として学べば次の段階に至るように思えるが，児童の姿が示すように，思考の流れの変化を伴う段階にはそう単純には移行できるものではない難しさがありそうである。私たちにしても，例えば非ユークリッド幾何学で球の大円のような明らかに曲がった線を直線と呼んだり，距離の公理を満たす写像なら何でも距離と呼んだりすることに違和感を覚える場合がある。あるいは幅1 cm，長さ100 kmの土地は1000 m^2 あるから広いと言われても，違和感が残るかもしれない。同様の違和感を子供たちが覚えてもおかしくない。そうした難しさを考慮に入れた上で，時間もかけながら移行を進めていく必要があろう。また，感覚で対応可能な状況の範囲では，最初の段階にあっても算数の知識により対応したのと同様の対応となり，区別がつきにくい点にも注意が必要であろう。

82-4　2つの段階の関係

最後に補足しておきたいのは，最初の段階から次の段階へは単純な全面移行ではないということである。算数の学習をする以上，算数の知識に依拠した判断ができる段階が目指される。しかし，その際に感覚に基づく反応が失われることがよいわけではない。私たちが図形の論証をするときに決して定義や定理の積み重ねだけで考えるわけではなく，図を見ながら思いを巡らせて方針を見いだすこととの間を行き来するように，感覚に基づく反応を通して大きな方針や場面の感じをつかみながら，難しい判断をする際には算数の知識を用いて判断ができるといった，2つの段階の間を柔軟に行き来できる方が望ましい。その意味では，次の段階に移行してしまうというよりも，思考の様式が増えることとして，理解の発達を考えることもできよう。

第 8 章　算数教育の研究課題

〈引用・参考文献〉

磯野和美（2008），ヴィゴツキー理論に基づくプライベートスピーチについての一考察，上越数学教育研究，23, 1-10.

小原　豊（1999），概念発達プロセスの特徴づけに関する考察：「行為における定理」の発生に焦点を当てて，筑波数学教育研究，18, 29-34.

布川和彦（2016）「数学＝パターンの科学」の考えを視点とした算数から数学への移行についての考察，日本数学教育学会誌，98（4），3-14.

8.5 算数科授業におけるコミュニケーションの役割と機能について調べよう

85-1 互いに自分の思いや考えを共通の場で伝え合う活動の充実

平成29年版小学校学習指導要領解説では，その基本的な考え方の一つを「知識及び技能の習得と思考力，判断力，表現力等の育成のバランスを重視する平成20年改訂の学習指導要領の枠組みや教育内容を維持した上で，知識の理解の質を更に高め，確かな学力を育成すること（p.2）」としている。そして算数科においては「数学的な表現を用いて事象を簡潔・明瞭・的確に表したり目的に応じて柔軟に表したりする力（p.26）」を養うことが目標の一つとされ，「数学的な表現を柔軟に用いることで，互いに自分の思いや考えを共通の場で伝え合うことが可能となり，それらを共有したり質的に高めたりすることができる。表現することは知的なコミュニケーションを支え，また逆にその知的なコミュニケーションによって数学的な表現の質が高められ，相互に影響しながら算数の学習が充実する（p.27）」とされた。

85-2 コミュニケーションの場・空間としての授業

授業とは，コミュニケーションを介してなされるものである。教師と子供，あるいは子供同士によるコミュニケーション活動はもちろん，さらにはコミュニケーションを広義に捉え，学習者自身と学習者に内在するもう一人の自己との間になされるコミュニケーション（＝思考活動）までをもその一環として捉えるのであれば，授業とはコミュニケーション活動の不断の連続により成立しているといっても過言ではない。

コミュニケーションの場・空間としての「授業」をよりよいものにしていくこと，つまり，より活発で有意味なコミュニケーション行為を有効に機能させていくために，以下の点に留意していきたい。

(1) 教師の発問や評価（評価言）が重要な役割を果たしていること。

(2) 子供たちの学習活動が「できる・わかる」だけにとどまらず，それをきちんと「表現する」ところに価値が置かれていること。
(3) 友達と考えを交流させることを通して学習を進めていくことの意味や，そのような活動の楽しさを子供たちが感得すること。

85-3　多様な考えを練り合う4つのステップ

　コミュニケーションを介した授業をより有効なものにしていくためには，その内容が価値をもたなければならない。子供は「算数とは1つの具体的な問題について答えが出れば終わり」「答えや解き方は1通りしかない」といった誤った考えを抱きがちであり，このような不適切な算数観・算数学習観を教師はより望ましいものへと変容させていく責任がある。したがって，個々の子供たちが自分なりに真剣に考え出した多様な解法を積極的に生かしていく構えが教師には望まれる。友達と考えを交流させる際には，様々な考えをお互いに吟味することが大切である。多様な考えを練り合うステップには次のようなものがある。(古藤，1998，pp.40-45)

・妥当性の検討
　　自力解決した一つ一つの考えについて，それが論理的に筋道立っているかどうかを検討する。もし，考えが論理的に矛盾していたり，結論の導き方が間違っていたりすると，その考えはその場で修正される。
・関連性の検討
　　論理的に筋道立っていることが確かめられた考え，あるいは検討により修正された考えを比較し，互いの考えの共通性や関連性ないしは長短・特徴を検討する。
・有効性の検討
　　「簡潔性」「発展性」等の観点からそれぞれの考えのよさや不十分さを検討する。
・自己選択の段階
　　それまでに検討されたことを参考にしたり，提示された問題を解いたりし

て，最もよいと思う考えを自分なりに選択する。

85-4　学級における規範への着目と協同性の形成

算数の学習におけるコミュニケーション活動／話し合い活動を促進させることは，「何でも好きに発言させればよい」ということと同じではない。つまり，話し合い活動のルール（規範）を確立させることが求められる。学級は学びの共同体であり，それは何らかの規範を共有・確立させることにより成立している。規範の確立において，教師は重要な役割を果たすべきである。例えば「間違えたことを発表することは悪いことではない」「その間違いを基に，学級の活動がより深まった」など，規範の形成を意図した教師の言葉がけは，協同的で創造的な算数の学習を進めていく際に不可欠である。どのような規範が学級内に形成されていくべきか，教師のどのような言葉がけが規範の形成にどのように関わっているのか，さらにはどのような場面でそのような規範の形成がなされるのか，などについて教師は深く考えておく必要がある。

85-5　数学的コミュニケーション能力の育成

算数の授業や学習活動においてコミュニケーション活動を円滑に進めていくためには，算数に関わるコミュニケーション活動を進める能力を育成していく必要が出てくる。このような能力は，その能力それ自体を直接的に指導・育成していくことが難しい。個々の「学習活動を通して」育成されていくべきものであろう。数学的コミュニケーション活動を進める能力や態度を捉える視点には大きく，「表現・表記や伝達・討議などにおける理解や技能」「それらの活動に対する態度や信念」があり，その組み合わせにより以下の4つの視点を同定することができる。（金本，1998，pp.32-34）

(1) 算数・数学の多様な表現・表記が使える。
　①子供たちの形式的でない直観的な語法を，数学の抽象的な言語・記号・表現に結びつけることができる。
　②数学的な考えの多様な表現（具体物によるもの，絵や図によるもの，記

号や口頭によるもの）を結びつけることができる。
(2) 考えの伝達や討議などの交流ができる。
　③教師の説明が理解できる。
　④自分の考えや方法を説明することができ，友達の説明を理解することができる。
　⑤筋道を立てて意見を言うことができる。
(3) 数学的表現のよさが理解できる。
　⑥多様な表現の違いから，考え方や方法の違いやよさに気づく。
　⑦数学的表現のよさに気づき，そのよさを活用できる。
　⑧数学的表現にある約束や規則を使って筋道立てて考えを進めていくことができ，さらにその重要性を理解できる。
(4) 話し合いや議論の大切さへの適切な態度が形成されている。
　⑨根拠や合理性などを問わなければならないという意識をもつ。
　⑩考えを深めたり，表現を的確にしたり，またこれらを発展させるために，議論をすることには価値があるという意識をもつ。

§5-6　記述表現活動の活用と学習の振り返り

　コミュニケーションとは「話し言葉」によるものばかりを指すのではない。算数の学習における「書き言葉（記述表現）」によるコミュニケーション活動にも注目したい。

(1)記録すること

　線分図を書く，言葉の式で表す，筆算をする，などの記述表現活動は，「記述しながら考え」「記述を介して考え」ていることでもある。このような学習活動をコミュニケーションの観点から見ると，「記述を介した他者とのコミュニケーション」「記述を介した過去の自分とのコミュニケーション」といった形で活用させることができる。ノートに記述された「思考」が，あとで振り返ったときにきちんとわかるようになっているか，他の人が見てもよくわかるようになっているか，といった点に留意しながら，学習の記録をさらにその先

の学習活動に生かせるよう，より有効なノート記述を促すようにしたい。

(2) 振り返ってみること

　作成されたノートを単なる記録で終わらせてしまうことなく，何度でも読み返して大いに活用させたい。学んだことを振り返りまとめる際には，「先生が教えたことをまとめる」のではなく，「自分が学んだことをまとめる」ことに重点が置かれるべきである。個々の記録として残されたノートは子供にとって「自らの学び」の足跡であり，これを有効に機能させることで「自分が学んだこと」をまとめることができる。一方，学習の導入の場面でも，学習の記録を活用することがとても有効である。新たな学習を進める際に，その前提となる既習事項の復習を，単に教師から一方的に与えるのではなく，子供たちが自ら振り返るような形で行うことは，「主体的な学習」を促すといった観点からもとても大切となる。そして，「自ら振り返る」のであれば，「教科書」を用いるよりも「自分で作成したノート」を活用したい。そしてこのような形で子供自身による記述を「活用」していくことを考えるなら，その要請に合ったノートづくりを促していく（指導していく）必要がある。

(3) 共有すること

　学習の記録は単に学習者自身によって参照されるだけで終わってはいけない。学級などの学習集団内において，お互いのノートを見せ合い鑑賞することも，非常に有効な指導の手立ての一つとなる。友達がノートにまとめた内容を見ることで，児童は自分とは異なる考えを知ることができる。また，ノートのまとめ方自体も，友達のノートを見ることでいろいろ新しい方法を知ることができる。友達のまとめたノートを見ること，そして自分のまとめたノートを友達に見てもらうことは，記述を介したコミュニケーション活動として機能する。

〈参考文献〉
金本良通（1998）『数学的コミュニケーション能力の育成』，明治図書.
古藤怜（1998）『コミュニケーションで創る新しい算数学習』，東洋館出版社.
二宮裕之（2005）『数学教育における内省的記述表現活動に関する研究』，風間書房.
文部科学省（2017）『小学校学習指導要領解説 算数編』，日本文教出版.

8.6
昔の教科書を調べよう

86-1　日本の算数・数学の教科書

　近代教育が始まった明治以降，日本の数学教育には，3つの転機があった。それは，数学教育改造運動，数学教育再構成運動，数学教育現代化運動である。

　数学教育改造運動は，1901年にグラスゴーで行われたペリー（イギリス）の講演を契機とし，中等教育における数学をより実用的なものに改めようとした改革であった。この運動の日本の数学教育への影響の一つが小学校教科書の改訂であり，『尋常小学算術書』（通称：黒表紙教科書）が改訂され1935（昭和10）年から発行される『尋常小学算術』（通称：緑表紙教科書）の出現となった。

　数学教育再構成運動は，『尋常小学算術』の出現が中等教育改革を促す大きな要因となり，1940（昭和15）年の「数学教育再構成研究会」の発足を経て，最終的に一種検定教科書『数学 第一類・第二類』（中学校用）の発行（1943，1944年）に至る日本独自の数学教育改革であり，「生徒の力になるためには，生徒がつくっていく，construct していく，という立場を中心にすべき」（島田茂，1984，p.1）ことが議論された改革であった（島田，1984）。

　数学教育現代化運動は，1957（昭和32）年のソ連の人工衛星の打ち上げ成功の影響が諸外国において「スプートニックショック」という科学技術振興の必要性やその遅れに対する危機感となって現れ，科学技術教育の改善として現代数学を中等教育に取り入れようとした改革であった。アメリカのSMSG（School Mathematics Study Group）などの研究組織によって現代化の精神に基づく教材や教科書が開発され，日本の数学教育においては昭和40年代に編纂方針に「現代化の重視」を掲げた教科書がつくられた。

86-2 『尋常小学算術』と『数学 第一類・第二類』との関連

『尋常小学算術』は，昭和10年から昭和15年にかけて年に1学年分ずつ発行された教科書である。教科書が出るにおよんで中等数学改革の気運が高まるに至った。このため，『数学 第一類・第二類』との関連が密になっている。以下では，円錐に関する教材，射影に関する教材を紹介する。

〈円錐に関する教材〉

『尋常小学算術』の児童用5年下巻（文部省，1939）には，円錐の体積を求める内容がある。さらに，教師用書に，円錐の展開図（図8.6.1）が示され扇形の中心角の

図8.6.1 教師用書の図 (p.14)　図8.6.2 漏斗の問題の導入場面 (p.16)

変化によって円錐が尖ったり平べったくなったりする様子を見せてもよいとある。この意図をくむかのように，『数学 中学校用1 第一類』には，扇形の中心角の変化に伴って変わる円錐の体積を求める内容がある（中等学校教科書株式会社，1943）。

中心角150°の扇形（図8.6.2）から円錐をつくらせた後に，「扇形の中心角を変えると，じゃうごの容積は変わる。次に，その模様をしらべてみよう。」(p.16) として，扇形の中心角と体積との関係に焦点が当たるようになっている。なお，この時点では，三平方の定理が未習であるため，高さを実測によって求め，2量の関係をグラフに表して解決することが想定されている。定数であった中心角を変数として捉え直すことで，母線が一定である円錐が動き出す面白さがある。

〈射影に関する教材〉

『尋常小学算術』6年上巻の「暦」(pp.40-48) には，地球の公転に関する内容がある（文部省，1940）。太陽光が平行光線となることが図示されている

(図8.6.3)．さらに，6年下巻の「電灯」(pp.33-38) には，電灯と障子の間に円板を置く場面（図8.6.4）があり，円板と電灯との距離をいろいろに変えたとき，この距離と障子に映る影の大きさとの関係をグラフに表す問いがある（文部省，1941）．なお，これらの考察の対象は立体図形である．

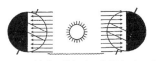

図8.6.3 地球の公転時の太陽光 (p.44)

『数学 第二類』2年用の「1. 平行と相似」「§3. 平行四辺形」の導入場面では，太陽の平行光線によってできる窓枠の影（図8.6.5）がどんな形になるかが問われている（中等学校株式会社，1943）．その後，四角形ABCDが与えられ，1組の辺が平行で長さが等しい場合には平行四辺形になることの理由を問う問いがある．この節の導入場面の構成は，立体図形から平面図形への展開である．さらに，「§4. 図形の拡大と縮小」の導入場面には，1点からの光が原画を照らすことによって幕にできる影の大

図8.6.4 電灯と障子の間の円板 (p.34)

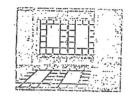

図8.6.5 窓枠の影 (p.10)

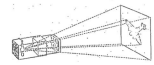

図8.6.6 点光源からの原画の投影 (p.15)

きさ（図8.6.6）が用いられている．光源からの幕の位置を変化させることで，影がどのようになるかの問いだけでなく，原画と幕の面とが平行でなかったらどんな像が映るかの問いもある．この節の導入場面の構成も，立体図形から平面図形へと展開している．

86-3 『新しい算数』と『新しい数学』との関連

数学教育が現代化されなければならない根拠として，「数学的思考の内容が従来の常識では考えられなかった異質的なものを含むようになってきたこと」「社会における数学の有用性が従来とは比べものにならないほど高まってきていること」「電子計算機が開発され，人間の各種の営みに大きな影響をもたら

してきたこと」（文部省，1968，p.13）の 3 つが挙げられた（文部省，1968）。こうした現代化の必要から，新たな教科書が作られた。はじめに，『新しい算数』（「新しい算数」編集委員会，1970）（4, 5, 6 年用）と『新しい数学』（「新しい算数」編集委員会，1971）（中学 1, 2, 3 年用）の章構成を見てみる（表 8.6.1, 2）。

『新しい算数』には，「問題の考えかた」という章がある。例えば，4 年上の「7. 問題の考えかた（1）」の単元の目標を見てみると，「(1) 和が一定な 2 つの数量の変化の関係を調べ，関数的な見方，考え方を伸ばす。」と「(2) 関数

表 8.6.1 『新しい算数』（東京書籍）における章の構成（4, 5, 6 年）

4 年上	1. 大きな数，2. 角と合同，3. 四角形，4. およその数，5. わり算，6. 計算のきまり (1)，7. 問題の考えかた (1)，8. 長さと重さ，9. 計算のきまり (2)，10. 面積
4 年下	11. 小数 (1)，12. 直方体と立方体，13. 体積，14. 小数 (2)，15. 問題の考えかた (2)，16. ものの集まり，17. 分数 (1)，18. 分数 (2)，19. 問題の考えかた (3)，20. グラフ，21. 4 年のまとめ
5 年上	1. 十進数，2. 三角形，3. 四角形，4. 整数と分数，5. 分数，6. 四角形と三角形の面積，7. 問題の考えかた (1)，8. 平均とのべ，9. 表とグラフ
5 年下	10. 小数のかけ算，11. 小数のわり算，12. 円のまわりと面積，13. 百分率とグラフ，14. 分数のかけ算とわり算，15. 問題の考えかた (2)，16. 速さ，17. 文字式，18. 整った形，19. 問題の考えかた (3)，20. 5 年のまとめ
6 年上	1. 分数のかけ算，2. 分数のわり算，3. 数と計算 (1)，4. 数と計算 (2)，5. 立体 (1)，6. 立体 (2)，7. 立体 (3)，8. 問題の考えかた (1)，9. 場合の数，10. 比と比の値
6 年下	11. 比例と反比例 (1)，12. 比例と反比例 (2)，13. 拡大図と縮図，14. 式の研究，15. 問題の考えかた (2)，16. 表やグラフの使いかた，17. 問題の考えかた (3)，18. メートル法，19. 6 年のまとめ

表 8.6.2 『新しい数学』の各学年における章の構成

1 年	Ⅰ. 数と集合，Ⅱ. 正負の数，Ⅲ. 文字と式，Ⅳ. 方程式と不等式，Ⅴ. 関数，Ⅵ. 基本の図形，Ⅶ. 移動と作図，Ⅷ. 平面図形の性質，Ⅸ. 計量と数値計算，Ⅹ. 資料の整理
2 年	Ⅰ. 数の集合と演算，Ⅱ. 式の計算，Ⅲ. 不等式，Ⅳ. 連立方程式，Ⅴ. 一次関数とグラフ，Ⅵ. 三角形，Ⅶ. 四角形，Ⅷ. 相似な図形，Ⅸ. 確率
3 年	Ⅰ. 平方根，Ⅱ. 多項式，Ⅲ. 二次方程式，Ⅳ. 関数とグラフ，Ⅴ. 円と球，Ⅵ. 三平方の定理，Ⅶ. 図形の動きと変化，Ⅷ. 統計

表や図解を問題解決に活用する能力を養う。」とある。なお,「15. 問題の考え方（2）」（5年）には,未知数としての文字の導入がなされ,「3. 数と計算（1）」（6年）には,負の数の導入がなされる。一方,『新しい数学』には「Ⅳ. 方程式と不等式」（1年）が統合的に,相似な図形（2年）が今日に比べ早期に位置づけられている。また,「Ⅰ. 数と集合」（1年),「Ⅰ. 数の集合と演算」（2年）で集合が位置づけられている。以下では,集合に関する教材,射影に関する教材を紹介する。

〈集合に関する教材〉

　『新しい算数』4年下巻「16. ものの集まり」(pp.70-81) では,2つの集合の関係をベン図を用いて表したり,記号⊂,⊃を用いて表したりする内容がある。5年上巻「3. 四角形」(pp.32-43) には,三角形同士,四角形同士の包摂関係をベン図（図8.6.7）に表す活動が想定されている。

図8.6.7　教科書の図（p.37）

　中学1年の「Ⅰ. 数と集合」(pp.9-42) には「1. 集合」があり,「1. 集合とその表し方」,「2. 部分集合」,「3. 集合の交わりと結び」,「4. 補集合」で構成されている。集合の定義,空集合や部分集合の意味,集合の交わりや結びの意味などが指導内容にあり,要素を表す記号∈,空集合の記号$\emptyset$などが扱われた。中学2年の「Ⅰ. 数の集合と演算」(pp.10-24) においては,第1節「数の集合と演算」のねらいに「(1) 数の範囲が,自然数,整数,有理数と拡張されるにつれて,四則が自由に行えるようになることを理解させる」や「(2) 数の集合が,四則計算について閉じていることの意味を理解させ,閉じているかどうかが判定できるようにする。」がある。数の集合の包含関係の図（図8.6.8）が教科書に示されるとともに,自然数,整数,有理数のそれぞれが四則について閉じているかどうかを判断させる問の後に,その結果が表（表8.6.3）にまとめられている。

図8.6.8 数の集合の包含関係 (p.10)

表8.6.3 閉じているかのまとめ (p.11)

	加	減	乗	除
自然数	○	×	○	×
整数	○	○	○	×
有理数	○	○	○	○

〈射影に関する教材〉

『新しい算数』6年下巻には「13. 拡大図と縮図」(pp.34-49)がある。この後,『新しい中学2年用の「Ⅷ. 相似な図形」は,「1. 相似な三角形」,「2. 平行線と比例」,「3. 図形の変換」,「4. 相似形と計量」で構成されている。このうち,「3. 図形の変換」(pp.182-187)には,「§1. 合同変換と相似変換」があり,図形の変換の意味を理解させるねらいがある。

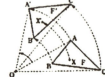

図8.6.9 合同変換 (p.183)　図8.6.10 相似変換 (p.184)

既習事項である平面上の平行移動から変換の用語を出し,合同変換,相似変換の内容へと展開している(図8.6.9, 10)。教科書の記述「合同変換は相似変換の一種である」(p.184)が示す通り,2つの集合間の関係を統合する意図が見られる。

その後,「§2. 平面図形と影」に,「平行な光線による影」(図8.6.11),「一点から出る光線による影」(図8.6.12)の項がそれぞれある。

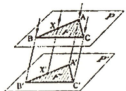
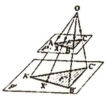

図8.6.11　　　　　図8.6.12
平行光線と影 (p.185)　点光源と影 (p.186)

図8.6.13 平行光線　図8.6.14 点光源
と窓の影 (p.187)　と人の影 (p.187)

さらに，「形の変わる変換」の項が位置づけられている。教師用指導書には，「平行でない2平面間の光線による図形の対応は，相似変換であるとはいえないことを理解させる。」(p.225)とあり，そのために，平行光線による窓枠とその影（図8.6.13）と1点からの光線による人の影（図8.6.14）の2つの場面が取り入れられている。なお，教師用指導書には両者が射影変換の特別な場合である一方で，前者の場面がアフィン変換であるが，後者の場面がアフィン変換ではないことが示されている。

86-4 教科書を調べるに当たって

　教科書の特徴が概略的に示されている文献を参照しつつ，分析の視点を決めたり比較対象を明確にしたりして教科書の教材内容やその構成を調べてみよう。教科書の教材内容やその構成を比較することによって，修正点や強調された箇所がわかったり想定されている数学的活動がはっきりしたりすることがある。

　このとき，解決に用いた数学の概念や手法が，当時の子供の既習事項であったかどうかに注意したい。また，教科書を調べる際には，当時の数学教育改革に携わった人々のアイディアや精神に学ぶ姿勢も大切にしたい。

〈引用・参考文献〉
1) 島田茂（1984）「数学とリアリティー」,『小・中・高を通じて数学的思考力を伸ばす教授・学習過程の理論的かつ実証的研究』, 研究代表者三輪辰郎（筑波大学教育学系）, 科学研究費補助金研究成果報告書, pp.1-24.
2) 文部省（1939）『尋常小学算術 第五学年教師用下』, 共同印刷.
3) 中等学校教科書株式会社（1943）『数学 中学校用1 第一類』, 中等学校教科書.
4) 文部省（1940）『尋常小学算術 第六学年児童用上』, 大阪書籍.
5) 文部省（1941）『尋常小学算術 第六学年児童用下』, 大阪書籍.
6) 中等学校教科書株式会社（1943）『数学 中学校用2 第二類』, 中等学校教科書.
7) 文部省（1968）『中学校 新しい数学教育―数学教育現代化講座指導資料―』, 東京書籍.
8) 「新しい算数」編集委員会, 東京書籍株式会社編集部（1970）『新しい算数 教師用指導書』, 東京書籍.
9) 「新しい数学」編集委員会, 東京書籍株式会社編集部（1971）『新しい数学 教師用指導書』, 東京書籍.

索　引

―あ行―

新しい学力観　12, 20
余り　39, 53, 63, 64, 67, 69
アレイ　38, 39, 44
生きる力　12,
異種の量の割合　130, 136
位相構造　65
位置　70
一斉学習　165, 166
一般数　74, 75, 78
意図したカリキュラム　175
異分母　51, 52
インド・アラビア数字　25
ヴィエタ　16
円　17, 90, 96, 100, 108, 124-126,
演算　24, 31, 32, 38, 41, 42, 47, 54, 66, 71, 73, 206, 207
演算記号　79
円錐　90, 204
円柱　90, 100
円の面積　100, 101
小倉金之助　129
尾関正求　6
落ちこぼれ　11
重さ　80, 109-112, 115-121, 126, 206

重さの測定　117, 120
折れ線　115, 137, 142

―か行―

外延　89
外延量　111
下位から計算　36
概形　80, 81, 103, 193, 194
階差　124
概算　80, 84-86
概数　80, 82-86
外測度　95
回転移動　90
角　90, 106, 107, 155-157, 163, 193, 195, 196, 206
学習指導案　152, 155, 156, 158, 159, 182, 183
学習指導計画　152
学習指導要領　9-14, 20-22, 56, 59, 82, 88, 94, 98, 100, 107, 109, 117, 121, 150, 153, 154, 160, 164, 175, 198
学習指導要領算数科数学科編（試案）　9
学習到達度調査　169, 178
学制　5, 6, 168
拡大・縮小　90
拡大図　206, 208
角錐　90

角柱　90, 100
確率モデル　145, 146
加数分解　34, 36
カズノホン　8, 13
数え上げる　140
数え主義　6, 7
数えたす　30
課題　13, 20, 92-95, 106, 107, 156, 178, 184, 187, 189, 191
学校教育法施行規則　9
学校教育法　9
合併　31, 111
可付番集合　72
加法　24, 30-38, 40, 46, 49, 51, 52, 55, 65, 66, 68, 77, 80, 110, 111
加法・減法の計算　51, 52
加法と減法の相互関係　36, 37, 77
加法の定義　31
加法九九　33-36
仮分数　51
仮平均　128
関係概念　89, 90
関係記号　73
関数　11, 22, 74, 109, 115, 122, 123, 126-128, 206
関係的理解　60
関数の考え　122-129
間接比較　112, 113, 118,

194
観測値　145
観点別学習状況　12
幾何　6, 16, 102, 103, 105, 107
机間指導　156
菊池大麓　6
記号　16, 18, 25, 27, 28, 39, 48, 73, 78, 79, 89, 153, 169, 200, 207
記述統計　145, 147, 148
記述表現活動　201
基準量　50, 56, 57, 112
記数法　5, 16, 22-25, 27-29, 35, 43, 45, 46, 48, 69
基礎学力調査　176
義務教育　7, 9, 12, 178
逆演算　66
逆元　54, 55, 66
逆数　62-64
求差　32
求残　32, 37
求積公式　96, 98-100
教育の過程　11
教育課程実施状況調査　12
教育基本法　9, 12
教育評価　168-170
教育令　6
教科書　6-13, 55, 77, 112, 131, 153, 154, 157, 163, 175, 187, 202-204, 206-209
教科書国定制度　6, 9

共通集合　31
極限　16, 47, 67, 101, 145
曲線　16, 89, 95, 100, 115, 125
切り上げ　83-86
切り捨て　83-86
近似値　84
位取り　25, 27, 28, 35, 47,
位取り記数法　5, 16, 22, 23, 25, 27, 28, 35, 43, 45, 46, 48, 69
クライン　7, 129
繰り上がり　35, 36, 192
繰り下がり　36
グループ学習　165, 166
黒表紙教科書→尋常小学算術書　7, 203
計画（plan）　138
計画の重点　153
経済協力開発機構　177, 178
計算の仕方の意味　69
形式的陶冶　20
形成的アセスメント　170, 172-174
系統学習　10, 20
ゲシュタルト心理学　102, 105
結合法則　36, 38, 44, 54, 65, 110
減加法　35
研究授業　154, 180, 182-185

減々法　35
現代化運動　11, 20, 203
検定教科書　10, 12, 203
減法　30-37, 40, 46, 49, 51, 52, 65, 66, 68, 77, 80
減法の定義　30
減法九九　33, 34, 36
交換法則　36, 38, 40, 44, 54, 65, 110
公式　74, 79, 97-99, 100, 101, 135, 136
合同　89-91, 95, 106, 115, 132, 206, 208
恒等式　75
国際教育調査　177
国際教育到達度評価学会　175, 177
国定教科書　6-9
国民学校令　8
国民学校令施行規則　8
国立教育政策研究所　176, 178, 179
個人差　163, 163
個数　23, 25-27, 30, 31, 38, 50-52, 70, 74, 80, 98, 118, 119, 125-127, 141, 192
言葉の式　55, 74, 78, 125, 201
個別学習　164
コミュニケーション　17, 76, 181, 198-202
コンピュータ　146, 151, 165, 166, 178, 179

—さ行—

細案　155
最頻値　137, 143
錯角　106, 107
三角形　89-91, 96, 106, 128, 156, 157, 163, 206-208
三角比　128
算術　5-8, 170
算数的活動　12, 21
サンフランシスコ講和条約　10
算用数字　15, 25
塩野直道　8
時間　109, 111, 115-120
式　40, 57-62, 73-79, 91, 123, 126, 127, 163, 192, 206
式に表す　37, 75, 76, 78, 79
式を読む　75-77
時刻　109, 115-120
自己評価　172, 173
四捨五入　82-85
自然数　23, 24, 26, 30, 31, 38, 43, 46, 54, 65, 66, 68, 110, 122, 207, 208,
自然数の集合　47, 65, 72
実施したカリキュラム　175
実質的陶冶　20
実数　16, 46, 54, 65, 67, 68, 70, 72, 115, 122
実数の集合　72
実数全体の集合　66
質的データ　137, 142
指導上の留意点　108, 155, 156, 158
指導内容　7, 9-13, 138, 152-155, 188, 207
指導法　10, 160, 172
指導目標　153, 159, 188
写像　122, 196
集合　11, 23, 24, 26, 30-32, 34, 38, 47, 54, 55, 65, 66, 68, 73, 95, 122, 123, 206-208
集合の個数　26, 70
集合の濃度　23
集合の要素　31, 32, 34
集合数　23, 24, 26, 31
収集　18, 138, 145, 148, 149, 160, 182, 183, 184
収束　67
従属関係　73
従属変数　78, 122, 128
授業研究　179-184
縮図　206, 208
珠算　5
十進位取り記数法　5, 16, 22, 23, 27, 28, 43, 45, 46, 48, 69
十進数　25, 206
十進法　25, 27, 28, 48, 111, 117
循環小数　46, 67

順序　26, 31, 32, 37, 38, 68, 70,
順序構造　65
順序数　24
商　39, 40, 44, 50, 55
小学算術書　5
小学生のさんすう　9
小学校学習指導要領（平成29年告示）解説算数編　82, 88, 92,
小学校学習指導要領算数科編（試案）　10
小学校令　6
小学校令改正　6
小学校令施行規則　6, 7, 20
乗除先行　73
乗数　40, 42, 44, 55, 56, 59, 71, 127
小数　22, 23, 42, 46-52, 54-60, 64-67, 69-72, 84, 109, 112, 153, 206
小数点　48, 49, 52, 67, 153
小数倍　57
商分数　50
乗法　24, 38-44, 47, 54-59, 65, 66, 80
乗法・除法の計算　43
乗法の意味　40, 42-44, 55-57
乗法の意味の拡張　43, 55, 57
乗法の定義　38
乗法九九　43, 44, 127

序数　24
除数　44, 55, 60-64
初等科算数　8, 9, 13
除法の意味の拡張　42, 57
除法の定義　39
尋常小学算術　7, 8, 13, 203, 204
尋常小学算術書　7, 8, 13, 203
真分数　51
推移律　23, 54, 110
垂直　90
数学的活動　21, 75, 82, 92, 107, 158, 160-162, 166, 169, 170, 173, 174, 209
数の拡張　68, 69
数の計算　69, 70, 84
数の合成・分解　34
数の用い方　50, 70, 71, 83
数概念　22
数学三千題　6
数学的モデル　17
数学的リテラシー　178, 179
数詞　24, 26, 27, 127
数直線　24, 41, 42, 48, 49, 55-58, 63, 66, 70, 71, 77
数理思想　7-9
数理的な処理　8
数量関係　22, 37, 63, 123, 133, 136

図形　1, 13, 16-18, 21, 22, 73, 80, 81, 87-91, 95-98, 102-108, 115, 176, 177, 193, 194, 196, 206, 208
図形の概念　87-93, 96, 105
図形の構成要素　90
図形の操作　90, 92
スコット　5
スティグラー　180
ステヴィン　46
スプートニックショック　11, 203
生活算術　7
生活単元学習　20, 186
整数　23, 27, 30, 38, 39, 41, 47-51, 54-62, 65-70, 206-208
整数解　39
整数全体の集合　65
整数倍　60
正三角形　90, 104
正比例　130
正方形　66, 77, 78, 90, 95-98, 100, 101, 193, 195, 196
積　44, 54-56, 59, 69, 127
絶対評価　12
線形順序構造　65
全国学力・学習状況調　13, 83, 85, 86, 91, 92, 166, 168, 170, 174-176
センテンス型　74, 75

増加　31, 69
操作記号　73
操作分数　50
相似　90, 113, 205-208
相等　71, 90, 108
相等関係　47, 73
測定　1, 22, 24, 81, 109, 111, 112, 117-120, 135, 145, 177
測定数　24, 70
測定性　110
測定値　24, 111, 135
測定用具　112, 168
測度　95, 116
相互評価　172
素地指導　33, 127

―た行―

対応や変化の特徴　123
台形　79, 90, 100, 106
対象概念　89, 90
大小関係　28, 47, 65, 66, 73, 85, 110, 140
対称律　23, 54
代数　16
対称　90
体積　87, 89, 90, 95-100, 107, 114-116, 118, 119, 121, 204, 206
対等　23
代表元　47, 54
代表値　137, 138, 143, 147
多角形　96, 99, 100

213

多角形の内角の和　128
確かな学力　12, 198
達成したカリキュラム
　　175
達成度調査　175
妥当性の検討　199
単一閉曲線　95
単位　24, 27, 28, 35, 44,
　　48-51, 70, 77, 95-97,
　　111, 112, 115, 117-
　　120, 130, 194
単位元　54
単位分数　46, 49, 51, 52
単位面積　99, 100, 136
単位量　40, 50, 70, 130,
　　135, 136
単元の指導計画　152,
　　154, 155
単元の配列　153, 154
単元の目標　154, 160,
　　206
単元学習　9, 10
値域　122
中央値　137, 140, 143
稠密性　66, 110
頂点　89, 90, 113
長方形　16, 90, 95, 96,
　　98, 107, 156, 193-195
長方形の面積　96
直積　38
直積集合　47, 68, 122
直接比較　112, 113,
　　118, 119
直線　70, 73, 88-90, 124,
　　125, 196

直方体　90, 96, 99, 206
直観教授法　5
直角　108, 193, 195, 196
直角三角形　90, 91
直観主義　6
通分　52, 53
ティーム・ティーチング
　　166
定義域　122
定数　204
データ　1, 22, 133, 135,
　　137-143, 145-150,
　　177, 179
デューイ　186
デューイの反省的思考
　　186
寺尾寿　6
展開図　204
電卓　43, 165
統計　22, 137-140, 143
統計教育　22
等号　79
等式　74
同種　24, 32, 33, 109,
　　110, 130-132, 134, 136
同種の量の割合　130,
　　132, 134, 136
同数累加　40, 41, 55
同数累減　41
同単位　32, 33, 49, 52
同値　46, 51, 52,
同値関係　23, 47, 54,
　　68, 110
同値分数　61, 62, 64
同値類　23, 54, 68,

導入問題　128, 186, 187
等分　41, 48-50, 57, 70,
　　110
等分可能性　110
等分除　41, 42, 57, 61,
　　136, 159
独立変数　78, 122, 128
時計　116, 117, 119
度数分布　137, 143
度量衡　7

—な行—

内測度　95
内包　89
内包量　111
長さ　70, 87, 89, 90, 92,
　　93, 95-98, 109-112,
　　115-120, 206
二項演算　73
二次元の表　137, 142
二等辺三角形　90, 91,
　　104, 108
任意単位　112-114,
　　117, 118
ネイピア　46
年間指導計画　152-154
濃度　23
ノート記述　202

—は行—

パーセント　130
倍の概念　112
端下　46, 48, 49, 119

発達段階　97, 98, 192
発問　127, 155, 156, 158, 198
速さ　109, 130, 135, 136, 206
反射律　54
半直線　70
比　22, 101, 126, 128, 130, 132, 206,
ヒエログリフ　25, 26
ヒーバート　180, 191
比較可能性　109
比較量　50, 57
被加数分解　34, 36
ひし形　90, 91, 103
被乗数　40, 44, 55, 56
被除数　44, 60-62, 64
筆算　5, 33, 35, 39, 43, 44, 49, 52, 59, 64, 81, 84, 201
ヒストグラム　138, 143
微分・積分　16
非ユークリッド幾何学　16, 196
評価　10, 12, 13, 145, 146, 148, 153-155, 168-176
評価方法　153, 169
標本　148
ヒルベルト　88
比例　42, 56, 59, 74, 109, 126, 127, 129, 133, 206
比例関係　130, 133-136
比例定数　133, 136
歩合　130

ファン・ヒーレ　102, 194
複素数　54, 65, 70
藤沢利喜太郎　6
負の数　65, 66, 69, 207
不等号　74
部分集合　24, 122, 207
普遍単位　111, 112, 117, 118
プリンシピア　15
ブルーナー　11, 169,
分割分数　50, 53
分子　46, 49-51, 53, 60-64, 68
分数　23, 46, 47, 49-52, 55-59, 65-70, 109, 111, 206
分数の概念　46, 69
分数の加法・減法　46, 51, 52
分数の計算　51
分数の乗法・除法　42, 50
分度器　156
分配法則　38, 44, 45, 55, 65
分離量　111
ペアノの公理系　38
平均　128, 142, 143, 146, 206
平均値　137, 139, 140, 143, 146
平行　89, 90, 205, 208
平行移動　90, 208
平行四辺形　74, 79, 90,

92, 93, 96, 99, 100, 103, 106, 107, 171, 205
平面図形　95, 98-100, 205, 206, 208
べき乗　67
ペリー　7, 203
辺　16, 89, 90, 92, 93, 104, 106, 108, 113, 128, 195, 205
変数　74, 78, 98, 122, 128, 204
包含除　41, 42, 57, 64, 111, 136, 159
包摂関係　105, 207
方程式　16, 39, 74, 206, 207
補集合　207
母集団　148
ポートフォリオ　170, 172, 173
ポリア　188

ーま行ー

毎時間の指導計画　152, 155
学び合う　181
マレー　5
水色表紙教科書　8
未知数　37, 74, 78, 207
見積り　80-82, 84-86
見通し　8, 21, 80-82, 84, 119, 139, 149
緑表紙教科書→尋常小学

215

算術　7, 203
ムーア　7
無限小数　67, 69
無名数式　77
無理数　15, 67, 70
名数式　77
命数法　24, 25, 27
メートル法　7, 97, 117, 120, 206
面積　61, 62, 74, 79, 81, 87, 89-91, 95-98, 107, 109, 115, 116, 118, 119, 171, 193, 206
文字の式　74, 77, 78
問題　6, 10, 13, 17-19, 26, 32, 33, 37, 57-63, 76-79, 81, 83, 91, 92, 98, 107, 120, 122, 124, 128, 130, 138, 139, 147-150, 156-158, 160, 163, 177, 178, 183, 186-192, 199, 206, 207
問題解決　9, 17, 19, 20-22, 59, 75, 76, 123, 126, 128, 138, 139, 144, 147, 148, 150, 158, 160-162, 177, 186-189, 207
問題解決のパターン　188
問題解決学習　186, 187
問題づくり　190, 191
文部科学省　12
文部省　10, 170
文部省著作教科書　9

—や行—

ユークリッド　87, 88, 103, 104
ユークリッド原論　15, 16
有限集合　23
有限小数　46, 67
有効性の検討　199
有理数　41, 42, 46, 48, 50, 51, 54, 55, 65-68, 72, 207, 208
ゆとり教育　12, 170
よい問題　157
用具的理解　60
予想される児童の反応　190

—ら行—

ライプニッツ　16
離散的位相構造　65
理数科算数　8
率　130, 132
立体図形　95, 96, 98, 205
立方体　90, 96, 99, 206
略案　155
量の概念　109, 111, 118
量の加法　110
量の性質　97
量の単位　120, 130
量の保存性　111, 119
量感　112
量分数　50, 53, 68

リーマン　87
理論主義算術　6
連続性　16, 67, 68
連続量　48, 111
ロバチェフスキー　87

—わ行—

和算　5, 6
割合　22, 40, 50, 56, 57, 63, 70, 109, 111, 121, 130-137, 142
割合分数　50
割り切れない　39, 50
割り切れる　39, 50, 61

—アルファベット—

IEA　169, 175, 177
OECD　169, 177, 178
PDCA　13, 175
PPDAC　22
PISA　169, 178
SMSG　11, 203
TIMSS　169, 177-179
TIMSSビデオスタディ　180

執筆者一覧（五十音順）

○印は編集委員

青山	和裕	愛知教育大学	(6.1)
飯島	康之	愛知教育大学	(2.6)
市川	啓	宮城教育大学	(5.2)
大谷	実	金沢大学	(3.3)
小松	孝太郎	信州大学	(2.5)
佐藤	学	秋田大学	(7.1)
清水	美憲	筑波大学	(1.2, 8.3)
清野	辰彦	東京学芸大学	(2.7)
髙橋	等	上越教育大学	(7.3)
田中	義久	弘前大学	(8.6)
茅野	公穂	信州大学	(4.2)
辻	宏子	明治学院大学	(3.2)
辻山	洋介	千葉大学	(3.1)
中野	博之	弘前大学	(2.3)
○中村	光一	東京学芸大学	(4.1)
成田	慎之介	東京学芸大学	(5.1)
西村	圭一	東京学芸大学	(6.2)
二宮	裕之	埼玉大学	(8.5)
布川	和彦	上越教育大学	(8.4)
早川	健	山梨大学	(2.2)
日野	圭子	宇都宮大学	(2.4)
藤井	斉亮	東京学芸大学	(8.2)
○蒔苗	直道	筑波大学	(1.1)
牧野	智彦	宇都宮大学	(2.8)
松嵜	昭雄	埼玉大学	(2.1)
森本	明	福島大学	(8.1)
両角	達男	横浜国立大学	(7.2)

新版 算数科教育研究

2019（平成31）年3月29日　初版第1刷発行
2025（令和7）年4月1日　初版第5刷発行

編　者：算数科教育学研究会
発行者：錦織　圭之介
発行所：株式会社 東洋館出版社
　　　　〒101-0054　東京都千代田区神田錦町2丁目9番1号
　　　　　　　　　　コンフォール安田ビル2階
　　　　代　表　TEL 03-6778-4343／FAX 03-5281-8091
　　　　営業部　TEL 03-6778-7278／FAX 03-5281-8092
　　　　振　替　00180-7-96823
　　　　U R L　https://www.toyokan.co.jp

装　幀：水戸部功
印刷・製本：藤原印刷株式会社

ISBN978-4-491-03681-6／Printed in Japan